dtv

Die Eßlust ist ein besonders »genüßliches« Thema – nicht nur für Feinschmecker, auch für Psychoanalytiker. Genußvolles Schlemmen und Eßkultur, Lebenslust und Erotik werden in diesem originellen Buch der französischen Psychoanalytikerin Gisèle Harrus-Révidi aus einem ungewöhnlichen Blickwinkel betrachtet: Dabei arbeitet sie den Zusammenhang zwischen Essen und Sprache einerseits sowie zwischen Essen und Erotik andererseits heraus. So geht kulinarische Genußfähigkeit oft mit dem Gefallen an Sprache einher wie auch mit erotisch-sexueller Genußfähigkeit. Zentrum dieser oralen Sinnlichkeit ist der Mund: zugleich »Atemmund und Milchmund, Lachmund und Kußmund, Wortmund und Liedmund«. Harrus-Révidi erteilt dem Fast Food und dem Diätkult unserer Zeit eine leidenschaftliche Absage und plädiert für die Wiederentdeckung der Sinnlichkeit beim Essen. Eßkultur bedeutet nicht nur physisches, sondern auch geistiges Vergnügen. Nur ein Feinschmecker ist in der Lage, zu genießen – auch in der Liebe. In der Art und Weise, wie er seinen Appetit stillt, offenbart sich sein Verhältnis zu Gesellschaft und Welt.

Gisèle Harrus-Révidi ist Psychoanalytikerin, sie lebt in Paris und arbeitet zur Zeit an einem Buch über Hysterie.

Gisèle Harrus-Révidi

Die Lust am Essen
Eine psychoanlytische Studie

Aus dem Französischen von
Renate Sandner und Thorsten Schmidt

Deutscher Taschenbuch Verlag

Ungekürzte Ausgabe
Juni 1998
Deutscher Taschenbuch Verlag GmbH & Co. KG,
München
© Editions Payot, Paris
Titel der französischen Originalausgabe:
Psychanalyse de la gourmandise
© der deutschsprachigen Ausgabe:
1996 Artemis & Winkler Verlag, Düsseldorf und Zürich
unter dem Titel: Die Kunst des Genießens
Eßkultur und Lebenslust
ISBN 3-538-06643-4
Umschlagkonzept: Balk & Brumshagen
Umschlagfoto: © Pat Lacroit/The Image Bank
Gesamtherstellung: C. H. Beck'sche Buchdruckerei,
Nördlingen
Gedruckt auf säurefreiem, chlorfrei gebleichtem Papier
Printed in Germany · ISBN 3-423-35145-4

Inhalt

Vorwort 7

Erster Teil: Schöpfungsgeschichte 13

Antäus 15
Orale Phase und oraler Trieb 16
Essen 17
Die Gastronomie 20

Wörter des Geschmacks und
Geschmack der Wörter 23
Das Kind, der Geschmack, die Wörter 24
Das Kind, das Verlangen, der Kuß 28
Psychopathologie 32
Gefühl und Sprache 34
Wortliebe und Worthaß 37

Zweiter Teil: Doch der Teufel schlief nicht ... 41

Von der ethischen zur ästhetischen Verfehlung 43
Die defensive Verschiebung im 3. Buch Mose 49
Matthäus und Lukas: Der Vorrang des Wortes 54
Thomas von Aquin: Die Gaumenlust und
ihr Gegenmittel 56
Eine neue Religion: Die Ernährungslehre 61
Die Funktion des Urteils 67
Die Entstehung der Schuld 71

Vom oralen Begehren zum Leiden 73
Nahrungssymbole 75
Orale Begierde und Leiden in der Literatur 79
Orales Begehren und Leiden in der Psychoanalyse 82

Dritter Teil: Die A-Gastronomie   87

Dionysos: Kannibalismus und Nahrungsinzest   89
  Der rituelle Kannibalismus   91
  Der dionysische Kannibalismus   96

*Das kalte Begehren: Die Geschichte des
Wahnsinns in der Neuzeit*   104

Vierter Teil: Die Wonnen des guten Essens   123

Der Teller   125
  Der Teller, das Revier der Oralität   126
  Der Teller als Projektionsfläche des Traums   131
  Die Geselligkeit   132

Die Welt der Eltern: Milch und Fleisch   136
  Die Milch   136
  Butter und Käse   141
  Das Fleisch   145

Symphonie der Oralität   161
  Erster Satz (andante): Der Kannibalismus
  der Liebe   161
  Zweiter Satz (pianissimo): Das Märchen,
  ein »Quasi-Traum«   164
  Dritter Satz (allegro ma non troppo):
  Die Gastronomie der Affekte   172

Objekte des Begehrens   184

Anhang   187
  Anmerkungen   189
  Literaturhinweise   203

Vorwort

Die Eßlust, diese Hauptsünde aller Altersstufen, ist ein besonders interessantes Phänomen, wenn man Psychoanalytiker und zugleich Feinschmecker ist. Der Gefallen an der Sprache geht oft mit kulinarischer Genußfähigkeit einher. In der spröden Sprache der Neurophysiologie ist die Mundregion »eine Übergangszone, die zwischen peripheren und visceralen Sinnesorganen, zwischen Außen und Innen eine Mittlerrolle spielt. Die orale Region erstreckt sich einerseits auf den Nasenrachenraum, den weichen Gaumen, die Zunge und die Innenseite der Wangen, umfaßt andererseits die Lippen, das Kinn, die Nase und die Außenfläche der Wangen – mit einem Wort, die ›Schnauze‹«.[1]

Könnte man nicht vielmehr sagen, daß der Mund der Übergang von der Außenwelt in die Innenwelt ist? Man atmet, schluckt, schmeckt, spricht, riecht, während man gleichzeitig Lippen, Kinn, Nase, Wangen – kurzum, die untere Gesichtshälfte der Welt darbietet. Könnte man nicht ebenso hervorheben, daß folglich der Mund gleichzeitig Atemmund und Milchmund, Lachmund und Kußmund, Wortmund und Liedmund ist?

Gibt es im Mund für jede dieser Funktionen einen Gipfel des Genusses? In der Tat, Lust kann man nur übermitteln, indem man Worte auf der Zunge zergehen läßt. So war Jean-Anthelme Brillat-Savarin, der König der Gastronomen, es sich zwangsläufig schuldig, König des Wortes und künstlerischer Schöpfer von Wörtern für Genußwahrnehmungen zu sein, um uns das Wesen der »gastlichen Geselligkeit«[2] zu übermitteln, des einzigen Ausdrucks, der heute noch überliefert ist. Gleiche Ursachen erzeugen gleiche Wirkungen: Über hundert Jahre später ließ sich Michel Serres, dessen Buch *Die fünf Sinne* von seinem

Feinschmeckersinn beseelt ist, über das Fehlen von »co-verseau« und »Syrrhese« aus und setzte sich gleichzeitig mit dem Geheimnis der »Synchyse«[3] auseinander, um seine Äußerungen über den Wein von Yquem zu verfeinern.

Das unbewußte Ziel des analytischen Feinschmeckers ist es, das sinnlich Unsagbare durch eine sprachliche Neubildung auszudrücken, die die subjektive Empfindung mit der Vorstellung des Lesers oder Zuhörers in Einklang bringt. Ist die »Entwirrung«[4] der Wahrnehmung, der Vergleich von Empfindungen, von theoretischem und praktischem Wissen, von ungewöhnlichen Sitten und gewohnten Gebräuchen das Terrain der Analytiker? Wie die Feinschmecker möchten sie ihre Empfindungen mitteilen und aussprechen, eine neue, wenn auch bescheidene Botschaft übermitteln. Auch die Vorgehensweise ist ähnlich: Für die einen sind es die Ohren, die von Worten überquellen, für die anderen ist es der Mund, der die begehrten Speisen sucht und auswählt. Während der Analytiker sich zunächst im Wortübermaß ergeht, stärkt sich der Feinschmecker mit einer absichtlich eingeschränkten Nahrungswahl. Der zweite Schritt jedoch ist bei beiden gleich und verweist auf die feine und genaue Analyse von Geschmacksrichtungen und Düften oder von Signifikanten und Signifikaten. Eine lenkbare Welt ist eine analysierte Welt. Aus der archaischen oralen Welt muß die Matrix aller künftigen Abwehrmechanismen entstehen; ohne diese maßgebende Struktur würde Chaos walten, würden Psychose und Autismus die Herrschaft übernehmen.

Das Protokoll einer Analyse, die Fallstudie, hat etwas gemeinsam mit der Autobiographie, denn sie ist die nachträgliche Rekonstruktion von Regungen, deren Problematik nicht eindeutig zu erkennen war. Die Aufzeichnung eines Rezepts verdeckt das Wesentliche, wird weder

der Qualität des Produktes noch der Kunstfertigkeit des Kochs gerecht. Kochen mit aufgeschlagenem Kochbuch entspricht in etwa einer Sitzung mit dem *Wörterbuch der Psychoanalyse* auf den Knien (das Bild stammt von einer Patientin, die bei einem Kollegen eine Analyse begonnen und aus mir lange Zeit unverständlichen Gründen abgebrochen hatte. Eines Tages faßte sie Mut und nannte mir zögernd den Grund: »Bei jeder Sitzung hatte er das Wörterbuch der Psychoanalyse auf den Knien!«).

Bei der Übertragung ist es unmöglich, den zusätzlichen entscheidenden Faktor genau zu bestimmen, der eine bestimmte Speise zu einem Gaumenfest macht oder bei einer bestimmten Auslegung zu einem grundlegenden Durchbruch bei einem Patienten führt. Speisen und Sitzungen haben mit dem »gewissen Etwas« und dem »Fast-Nichts«[5] zu tun, die gerade ihr spezifisches Wesen ausmachen. Von der nicht vorgesehenen Messerspitze Safran bis zum Augenzwinkern am Ende der Sitzung, von dem schon hundertmal gekochten Gericht, das einmal eintönig und fade schmecken kann, bis zu der Tatsache, daß eine Enthüllung nicht genau zu der Zeit stattfand, als der Widerstand nachzulassen begann, besteht die Gemeinsamkeit wohl in der Beziehung zum anderen, die die Ursache aller Irrtümer, Fehler und Verweigerungen ist, denn wir »füttern« nur jene gut, die wir mögen, aufgrund der Liebe, die wir den anderen entgegenbringen, die die anderen uns entgegenbringen. Große Köche und große Analytiker haben also ihre kleinen »Zubereitungsgeheimnisse«, die mehr oder weniger absichtlich nicht übertragbar sind: Sie nehmen das mit ins Grab, was ihnen ihr Leben lang als der Inbegriff des Schönen und Guten und/oder des Therapeutischen galt.

Eine weitere Gemeinsamkeit – man kostet und analysiert nur in der Stille: »Ein Mund vertreibt den anderen, der des Redens schließt den des Schmeckens aus, vertreibt ihn aus dem Diskurs. Die zweite Zunge schläft; ängstlich schweigt sie; empfängt das Gegebene um so besser, als sie ihre Zwillingsschwester vergißt.«[6]

Der Feinschmecker und der Analytiker: Musik und Stille – in diesem Spannungsfeld bewegen sich Sprechen–Kosten–Auswerten und Hören–Verarbeiten–Interpretieren. Die Zunge spricht, schmeckt, spricht dann wieder, oder sie schweigt und spricht anschließend. Zwei Momente des Sprechens wechseln mit der Stille ab, die diese Momente durchdenkt. Spricht einer während des Kostens, so kostet er nicht, er spricht von sich, von seiner Intelligenz. Der äußere Gegenstand ist dabei nicht Inhalt seines Sprechens, sein Inneres reklamiert lauthals seine Vorrangstellung.

»Der Geschmack ist ein Kuß, den der Mund selbst vermittels der schmackhaften Speise gibt.«[7] Auch das Auge glüht bei der Lektüre des Textes, wenn das Wort auf der Netzhaut genau zu dem Zeitpunkt in Bildern explodiert, da es entziffert wird. Die Kraft des Wortes weckt Aromen und Genüsse der Geschmackspapillen, ermöglicht eine Anleihe von fremder Sinnlichkeit, einen überaus angenehmen imaginären Austausch, der jedoch mit zunehmendem Alter durch erzieherische Maßnahmen immer mehr wegrationalisiert wird.

Essen ist untrennbar mit dem Leben verbunden. Nur Don Giovanni, dieser Narr, lädt einen Toten zum Mahl ein, der ihm die allen bekannte Tatsache erklärt, wie man einen Toten von einem Lebenden unterscheidet:

»Leicht des irdischen Mahles entbehret,
Wer von himmlischen Speisen sich nähret.«[8]

Steinerner Festschmaus, symbolische Darstellung, die den Toten vom Lebendigen und von den von Don Giovanni selbst mit schallender Stimme besungenen irdischen Genüssen trennt: »Diese Schüssel ist vortrefflich!«[9]

Ist die Nahrung nicht ebenso ein ordnendes und unterscheidendes Merkmal der Geschlechterrollen, und hat die Unterscheidung zwischen Wissen und Praxis nicht ihren Ursprung in der Aufgabenteilung? Der Bilderbogen von Epinal stellt Prometheus dar, der das Feuer stiehlt, den *Homo faber*, der jagt und tötet, während die Frau, still und bescheiden, kocht und putzt. Der *Homo sapiens* ersinnt eine neue Technik, das Kochen, scheint ökologische und ökonomische Systeme der Ernährung vorauszuahnen; die Frau stillt und führt den Haushalt. Dieser technologischen und zugleich unbewußten Logik zufolge waren Nahrungsbeschaffung und kulinarische Kreationen die Domäne des Mannes, während die alltägliche Versorgung der Familie der Frau oblag. Die großen, international bekannten Köche sind Männer; erst seit kurzem haben Frauen in Frankreich begonnen, unter der Bezeichnung »Mères« (Mütter) das Kochpodium in der Öffentlichkeit zu erobern. Doch die gastronomische Kritik legt die Frau wieder auf die gleiche Position wie eh und je fest: Sie repräsentiert charmant und kostet naschhaft, doch die Beurteilung ist nach wie vor Sache des Mannes, das Aroma, die Beschaffenheit eines Bordeaux, die Würzen der Speisen fallen nicht in ihre Zuständigkeit.

Die Nahrung ist schließlich die Inkarnation des Fremden an sich, das Paradox der Verschiedenartigkeit: Je mehr neue Sorten die Märkte überschwemmen, um so mehr essen wir vom gleichen. Kiwis, Yamswurzeln, Litschis, Broccoli, Mangos, Kakis, vor dreißig Jahren noch unbekannt, kommen in einer Zeit auf uns zu, in der die Vernichtung des Geschmacks ein Grundphänomen ist. Hier liegt eine kommerzielle Sinnwidrigkeit vor. Nur die Variabilität innerhalb der Grenzen eines vertrauten Bereichs ist sinnvoll; die industrialisierten tropischen Neuheiten sind für unseren Geschmack das, was Pollock oder Andy Warhol für einen Liebhaber von Rembrandt, Velasquez oder Carpaccio sind, sie lenken das Interesse für einige Sekunden auf sich, aber sind nie die Grundlage für einen Augenblick wirklicher Sinnenlust. Nichts geht über einen Braten nach Omas Rezept ...

Die Tendenz zu normierten Geschmacksrichtungen ist in unserer Zeit deutlich erkennbar, die kulinarische Kunst wird aussterben und durch das Angebot der Firma Iglo ersetzt werden. Die tiefgefrorenen oder vakuumverschlossenen Packungen bieten der legalen Chemie neuen literarischen Raum; die Dechiffrierung von B 6, Eisen, Magnesium und E 491 läßt den Sachkundigen wissen, daß er leuchtendes Rosa oder Apfelgrün essen wird, so wie der Musiker beim Vom-Blatt-Spielen der Partitur den Mozartschen Raum von dem Rameaus trennt.

Psychoanalytische Erkenntnisse werden zum Wohl der Konsumgesellschaft und mit dem strategischen Ziel, die Abwehr des Benutzers zu unterdrücken, auf verschiedenartige Bereiche angewandt. Psychoanalyse und Kochkunst sind in gewisser Weise in Gefahr; indem sie sich so sehr mit dem in Normen erfaßten oder erfaßbaren Ganzen beschäftigen, vergessen sie das Wesentliche, vernachlässigen sie ihre Stärken, die im Gefallen an der Sprache und im Gaumengenuß gründen und mit Zärtlichkeit und Freude am Schenken im weitesten Sinn zu tun haben.

Erster Teil
Schöpfungsbericht

Antäus

Im Anfang schuf Gott Himmel und Erde; die Erde aber war wüst und wirr, Finsternis lag über der Urflut und Gottes Geist schwebte über dem Wasser.

Genesis, 1, 1-2

Den »erwachsenen« Erwachsenen gibt es in der Psychoanalyse nicht oder nur selten, denn es geht immer nur um »Seine Majestät, das Kind«, um einen Säugling, der glücklich an der Mutterbrust saugt. Die Mutter, einer Sklavin und Maschine gleichgestellt, hat sich nur darüber zu erfreuen, was für die Entwicklung des Kindes gut ist, oder wird später für sein Verhalten zur Rechenschaft gezogen, denn »die Bezugnahme auf das Infantile ist tatsächlich genau der Aufgabenbereich, die grundlegende Voraussetzung der analytischen Arbeit«[1]. Die Psychoanalyse geht darum nur vom kindlichen Leiden aus, unabhängig davon, wie alt der Hilfesuchende tatsächlich ist, um »das frühere Kind mit Hilfe archäologischer Bruchstücke zu rekonstruieren«[2]. Es leuchtet ein, daß in diesem Zusammenhang Lustgewinn und Oralbefriedigung des Erwachsenen bei der täglichen Einnahme der Mahlzeiten bisher kein bevorzugter Gegenstand der Forschung sind, als ob »eine Kulturerscheinung, die Nahrung, eine biologische Gegebenheit«[3] und für den Forscher »die Nahrung ein Gegenstand sei, dessen Behandlung ohne Wert oder gar peinlich«[4] sein könne.

Während Eßstörungen wie Anorexie, Bulimie oder durch Drogenabhängigkeit bedingte Appetitlosigkeit eingehend unter klinischen und psychologischen Aspekten untersucht worden sind, haben Soziologie, Ethnologie, Geschichte, Religionsgeschichte und Literatur die tägliche

Nahrungsaufnahme als einen Schlüsselbegriff für das Verständnis des menschlichen Verhaltens aufgegriffen. Setzt man sich mit dem oralen Lustgewinn auseinander, so kann man nicht umhin, sich mit der täglichen oralen Befriedigung zu befassen.

Orale Phase und oraler Trieb

Die orale Phase ist die früheste Phase der libidinösen Entwicklung des Kindes. Sie beginnt mit der Freude und dem Schmerz des ersten Atemzugs und setzt sich dann in der Lust des Saugens und der Sättigung fort. Nach der Geburt erfolgt die erste Beziehung zur Mutter durch den Mund: »Iß mich, wenn du mich liebst; ich esse dich, weil ich dich liebe.« Im Laufe der Entwicklung läßt der orale Lustgewinn allmählich nach, da das Kind sich differenzierten »Objekten der Begierde« zuwendet. Beim Erwachsenen besteht aber orale Sexualität fort, die vom Zungenkuß bis zur sadistischen Perversion, von der Eßlust bis zum Alkoholismus oder zur Rauschgiftsucht reicht. Die erste orale Erfahrung ist entscheidend, sie begründet sozusagen die doppelte Wertigkeit des Objekts – als Lustquelle und als Verlusterfahrung.

Freud hat darauf hingewiesen, daß »die Trieblehre sozusagen unsere Mythologie ist. Die Triebe sind mythische Wesen, großartig in ihrer Unbestimmtheit«.[5] Im übertragenen Sinn ist diese geheimnisumwitterte orale Welt vor allem bei bestimmten somatischen Störungen sowie bei Psychosen oder beim Autismus mit dem biblischen »wüst und wirr« gleichzusetzen, das die Hebräer als Tohuwabohu bezeichneten. »Das Tohuwabohu ist das prinzipiell und gesetzmäßig Undenkbare, da ihm jeder Bezug fehlt. Wenn man es nicht begreifen kann, bleibt nichts anderes übrig, als es im sprachlosen Erstaunen zu erleben. Das Tohuwabohu ist nicht die Leere im physischen Sinn des Wortes, sondern im Sinne eines Zeichen- und Orientierungsmangels. Es ist eine ungeordnete Materie, die von Gott geordnet werden kann.«[6]

Das ist eine treffende Metapher für die Verwirrung der oralen Welt, deren Sinn in der Beziehung zur Mutter-Göttin ihren Ursprung hat, zu einer Welt, in der alles möglich ist, da nichts jemals ganz und gar ausgespielt wurde, einer Welt, die überdies durch die regelmäßige Aufeinanderfolge von Verzweiflung, Befriedigung und Übersättigung bestimmt wird. Diese Vorstellung lebt in unserer Phantasie fort und verbirgt sich entweder hinter einer übermäßigen Nahrungsaufnahme, die als Schutz vor einem möglichen Nahrungsmangel fungiert, oder hinter dem Verfremdungsmechanismus der Gastronomie, der aus der Verköstigung eine Kunst macht. Was bedeutet aber Essen für den Menschen?

Essen

»Im Hebräischen heißt essen *A'Hol,* was wörtlich ›Einheit – Ganzheit‹ bedeutet. Für den Mystiker besteht Essen darin, die Ganzheit zur Einheit zurückzuführen. Das ähnelt dem aus dem Lateinischen stammenden Wort ›assimilieren‹, das von der Etymologie her ›sich selbst ähnlich machen‹ heißt. Es ist also ein Akt, der darin besteht, sich das Pflanzliche oder Tierische anzugleichen, das Nicht-Menschliche ins Menschliche umzuwandeln … Der Akt des Essens ist der monotheistische Akt schlechthin, wie die Sexualität und die Liebe. Der erste Mensch hat schließ-

lich nur zwei Gebote erhalten: die Sexualität (›Seid frucht-
bar und vermehret euch‹) und die Nahrungsaufnahme
(›Von allen Bäumen des Gartens darfst du essen, doch …‹).«[7]
Mit anderen Worten, dieser täglich sich wiederholende Akt
ist unbewußt auch ein mystischer Akt der Umwandlung.

Essen bedeutet im Alten Testament, daß aus einem
Stück Welt ein Stück von einem selbst und dieses wiederum in ein Stück Gott verwandelt wird. Dagegen läßt der
neutestamentliche Ausspruch Jesu »Nehmet hin und esset,
denn dies ist mein Leib« auf eine Umwandlung im Sinne
eines Austauschs schließen, denn nun ist es das Stück
Welt, das ein Stück von Gott ist und danach ein Stück von
einem selbst wird.

Frédéric Lange schlägt verschiedene Definitionen des
Verbs »essen« vor:

»1. *Im Verhältnis zur Welt:* Nahrung zu sich nehmen
heißt, in sie hineinbeißen, den Widerstand der Welt erpro-
ben. Essen bedeutet, sich mit der Welt auseinandersetzen,
also die Welt erfahren, in der man lebt. Der Esser be-
schwichtigt die Wut, die er gegen die Welt und gegen sich
hat, indem er die Welt, von der er sich einen Teil einverleibt
hat, verdaut. Indem er dies tut, ordnet er die Welt, macht
sie sich zu eigen und kommt mit ihr zur Reife.

2. *Im Verhältnis zur Zeit:* Die Mahlzeit ist für den Esser
ein wirksames Mittel, sich im Raum zurechtzufinden und
die Zeit zu überstehen.

3. *Im Verhältnis zum Narzißmus:* Essen bedeutet, sich
endlich sehen und, indem man Fleisch zu sich nimmt, das
dem eigenen sehr ähnlich ist, in der Welt einen Raum zu
finden, der das eigene Bild widerspiegelt.

4. *Im Verhältnis zur Psychopathologie:* Die Nahrungsaufnahme gibt dem Esser das Gefühl, unterzutauchen und
sich aufzulösen, wodurch er aufhört, er selbst zu sein. Hier

grenzt Essen an Wahn, kommt dem Verlust des Bewußtseins oder des Interesses an sich und der Welt gleich. Der Esser verschließt sich, schottet sich ab. Für ihn ist das Essen ein Betäubungsmittel.

5. *Im Verhältnis zu Gott:* Nahrung zu sich nehmen bedeutet, sich stärken, sich nähren, sich verwandeln. Wie die Apostel beim Abendmahl erlangt der Esser Zugang zum Göttlichen durch die Aufnahme der Speisen. Essen ermöglicht den Zutritt zu einer Welt, die offener, großzügiger, greifbarer ist. Es bedeutet, daß man mit der Welt Verbindung aufnehmen und daß man diese auch überschreiten kann: es ist eine Brücke, die mit dem Jenseits verbindet.«[8]

Hiermit steckt Lange das Feld der Erzählungen und Legenden, Mythen und Leiden, Freuden und Triebe ab, denen wir uns im Folgenden widmen werden. Es ist das Feld, aus dem Antäus, der Riesensohn des Meeresgottes Poseidon und der Erdgöttin Gaia, hervorgegangen war, der unbesiegbar war durch die Brust seiner Mutter, der Erde, auf der er sich ständig wälzte, und der die Wanderer, die *seine* Wüste durchquerten, nötigte, mit ihm zu ringen. Mutter Erde verlieh ihm unerschöpfliche Kraft, aber der kluge Herkules hatte plötzlich den Einfall, ihn beim Kampf an den Schultern in die Luft zu heben, um ihn zu erwürgen, bevor er wieder die stärkende Erde berühren konnte.

Antäus – Gaia: Diese einfache Berührung eines Körpers und einer Brust (hier der Erde) stellt den höchsten oralen Lustgewinn dar. Es ist die Übertragung einer göttlichen Energie über den Hautkontakt, wobei die ganze Haut Mund ist, geöffnet für die Mutter, verschlossen für die übrige Welt. Hier entfällt die Problematik des Vollen und des Leeren, hier gibt es nur ein Auffüllen ohne Hemmung und ohne Aufforderung.

Die Gastronomie

Die Gastronomie umfaßt nicht nur die Kochkunst, sondern auch den Genuß der Wörter, die Lust am Schlemmen. Grimod de la Reynière ist der eigentliche Begründer der Gastronomie, die »ein Hinübergleiten von der Küchenpraxis zur Theorie ist. Mehr als das Ansehen der Zubereitung steht hier der kunstvolle Verzehr auf dem Spiel. Die Gastronomie ist der Diskurs des ästhetischen Feinschmeckers ... Sie impliziert einen geschlossenen Raum, einen Bühnentrick.«[9]

Brillat-Savarin, ebenfalls ein Meister des kulinarischen Genusses, legte Wert darauf, zwischen dem tierischen Bedürfnis, das dem Überleben dient, und der Gastronomie – mit anderen Worten zwischen dem Bedürfnis und dem Verlangen – zu unterscheiden. »Die Befriedigung dieser beiden Bedürfnisse (sich fortpflanzen, essen) genügt dem Menschen nicht, er muß, wenn man so sagen darf, den Luxus des Verlangens in der Liebe oder der Gastronomie inszenieren: Die ersehnte Nahrung, die Brillat-Savarin beschreibt, ist ein unbedingter Verlust, eine Art ethnographische Zeremonie, durch die der Mensch seine Macht, seine Freiheit feiert, seine Energie ›für nichts‹ zu verbrennen«[10], kommentierte Roland Barthes.

Die Gastronomie läßt sich unter literarischem oder analytischem Aspekt in zwei Kategorien unterteilen, wovon die erste die ästhetische ist. Es ist die verfeinerte, zuweilen barock überladene Kochkunst, die das Geschmacksvergnügen regelrecht inszeniert. Der orale Trieb wird hier nicht in seiner archaischen Roheit, sondern in der »Verarbeitung« wahrgenommen. Die zweite Kategorie ist mit einer Gefühlsvorstellung verbunden, die die unnachahmbare Zubereitung eines Nahrungsmittels mit einem unverwechselbaren Geschmack nach altvertrauten Erinnerungen beinhaltet, die ihren Ausdruck in Äußerungen finden, wie »es ist ein Rezept meiner Mutter« oder »ein Rezept meiner Frau«. Diese Speisen befriedigen nicht so sehr ein physiologisches Bedürfnis, sie stillen vielmehr eine ständig neu erschaffene Sehnsucht nach Liebe.

In dieser Welt der Familie ist die Zubereitung der als »unvergleichlich« eingestuften Speisen meistens kompliziert, die Zutaten sind gehaltvoll und reichhaltig, die Vorbereitungs- und Kochzeit ist lang, Düfte und Aromen haben das gewisse Etwas, das ihre unnachahmliche Eigenart ausmacht: Hier spielen Braten und Eintöpfe, Confits und Hasenpfeffer, Couscous und Paellas eine Rolle.

Für Brillat-Savarin, dem der familiäre Bezug völlig fernliegt, hat das Eßvergnügen einen doppelten Aspekt: Zuerst wird es von dem Kenner inszeniert, der mit exaktem Wissen aufwarten kann: »Kennen wir nicht heutzutage Leute, welche an dem besonderen Geschmack das Bein zu unterscheiden wissen, auf welchem das Feldhuhn im Schlafe ruhte?«[11], dann ist es mit der Entdeckung der Reaktionen im Gesicht des Essers verbunden, die ein Indiz seines Genusses sind. »Der Glanz in den Augen ist offensichtlich ein erotisches Attribut: er verweist auf den Zustand einer gleichzeitig angezündeten und befeuchteten Materie, wobei das Verlangen dem Körper das Aufleuchten, die Ekstase, das Strahlen und die Lust die Glätte verleiht.«[12] Und in seinen *Aphorismen des Professors, um seinem Buche zur Einleitung und der Wissenschaft zu ewiger Grundlage zu dienen* folgert er als Moralist: »Die Tiere fressen, der Mensch ißt, doch nur der Mann von Geist versteht die Kunst zu essen.«[13]

Der orale Genuß erschöpft sich nicht im Bild des Säuglings, der an der nie versiegenden Mutterbrust trinkt. Dies ist eine paradigmatische Matrix, durch die sich seine Beziehung zum Leben strukturiert.[14] Durch die Nahrung ist der Mensch Fleisch, durch das Wort Geist, ein vollkommen mundbetontes Wesen, während das Tier durch die ihm fehlende Sprache ausgeschlossen wird. Der Mensch kommt atemholend zur Welt und stirbt, indem er das letzte Wort aushaucht. Dem Mund kommt also eine zentrale Stelle zu, denn über ihn erfolgen die ersten Identifikationen, finden Aggressionen und Affekte ihren Weg.

Wörter des Geschmacks und Geschmack der Wörter

Da sagte Pantagruel:
»Wenn Euch schon die Zeichen erbosen,
oh, wie müssen Euch da erst die Dinge
verdrießen, die sie bedeuten!«[1]

François Rabelais

Die Lust an imaginären Vorstellungen, die durch das Lesen einer Speisekarte im Restaurant oder einer Menüabfolge bei einem Festessen hervorgerufen werden, hat eine appetitanregende, Verlangen auslösende Wirkung. Der Genuß setzt bereits bei der Lektüre der Speisekarte ein und wird durch den Anblick der Speisen, die den anderen Gästen aufgetragen werden, vergrößert. »Die gastronomische Äußerung führt, da das Verlangen, das sie hervorruft, offensichtlich einfach ist, die Macht der Sprache in ihrer ganzen Vieldeutigkeit vor: Das Zeichen macht auf die Genüsse seines Bezugsobjekts im gleichen Moment aufmerksam, in dem es sein Fehlen skizziert, die Sprache ruft hervor und schließt aus.«[2]

Genußvolles Essen erfordert ein erlesenes sprachliches Umfeld, in dem die exotische Bezeichnung bestimmter Spezialitäten dem Feinschmecker als Unterstützung, als verschönernder Spiegel dient. Manchmal ist man latent unbefriedigt, da man im Augenblick gerade diejenigen Speisen vermißt, die anderswo verfügbar sind.

Das Kind, der Geschmack, die Wörter

Die ersten Wörter eines Kindes sind nahrungsbezogen; im Französischen bedeutet das erste Wort »Maman« sowohl »Mama« als auch »manger« (essen): Maman-Manger ist eine Person-Funktion, die sich für alle Zeiten in das Unbewußte des Kindes einprägt. Auf die Frage: »Was ist eine Mama?« antworten Kinder bis zu sechs oder sieben Jahren: »Das ist jemand, der mir zu essen gibt.«

Die nährende Mutter ist auch eine Erzieherin und bringt dem Kind oft gleichzeitig den Wortschatz der Liebe und der Nahrung bei, wobei sie in ihre Rede die Versicherung ihrer Liebe (»Die Mama hat ihren kleinen Jungen sehr lieb«) sowie eine nahrungsbezogene Suggestion einfließen läßt, die einer unbewußten Erpressung nahekommt (»Die Mama hat ihren kleinen Jungen sehr lieb, der brav seine Karotten ißt«). Indem sie die Temperatur, Form, Beschaffenheit, Färbung der Nahrungsmittel benennt und dabei ihre Besonderheiten unterstreicht, führt die Mutter das Kind in die Sprache ein: Nichts ist für das Kind sinnlich vielfältiger als die Nahrung, und nichts formt gleichzeitig die Sprache der strengen Logik und des Imaginären in höherem Maß. Das sind die ersten, grundlegenden sinnlichen Erfahrungen, die benannt und beschrieben werden; es ist leichter, mit einem Kleinkind über den Inhalt seines Tellers zu sprechen, als eine Handlung, eine Landschaft oder eine Symphonie zu beschreiben. Die Nahrung formt das Kind, indem sie es durch das Gehör (das einem Nahrungsmittel zugeordnete Wort), den Blick (Farbe und Form), die Nase (den Geruch) und vor allem die Zunge und ihre Papillen (den Geschmack) informiert. Nur dem täglichen Bad wendet das Kind aufgrund seiner Sinnenvielfalt größere Aufmerksamkeit zu als dem Essen.

Entscheidend ist, daß die Mutter durch die Unterscheidung zwischen Eßbarem und Nicht-Eßbarem die Moral und das Verbot einführt; Osterrieth[3] hat, wie viele traditionelle Psychologen, von der Errungenschaft einer »Moral des Topfes« gesprochen. Das erste Verbot der Mutter lautet: »Du sollst das nicht essen« und stimmt hier mit dem ersten biblischen Verbot überein: »Von allen Bäumen des Gartens darfst du essen, doch vom Baum der Erkenntnis von Gut und Böse darfst du nicht essen; denn sobald du davon ißt, wirst du sterben.«[4] Diese beiden Gesetze haben, auf das Leben oder den Tod bezogen, das Zu-sich-Nehmen des Gefährlichen oder Profanen zum Inhalt und bilden somit die Matrix für die Sakralisierung sowohl des mütterlichen als auch des göttlichen Wortes: »Die ersten Schritte des Denkens und dessen fundamentale Strukturierung lassen sich von einer Anfangsbeziehung zum oralen Objekt ableiten ... Zuallererst denkt man mit dem Mund, mit den Zähnen.«[5]

Durch eine abwechslungsreiche Nahrung, die eine sinnliche Vielfalt aufkommen läßt, lernt das Kind nach und nach die Vielfalt der Wörter kennen, und durch Lust oder Unlust an dem Geschmack erwirbt es Freude an Wörtern oder sogar Abscheu vor Wörtern. Es ist durchaus denkbar, daß sprachliche Armut auch durch Fertignahrung für Säuglinge oder durch eintönige Ernährung bedingt wird. Der industriell vorgefertigte Brei bietet keinen Anreiz für den Dialog. Was ist ein Gläschen mit Erdbeeren? Ein rosa Brei. Mit grünen Bohnen? Ein grünlicher Brei ... Alles ist gezuckert, geglättet, ohne Form, ohne Geruch. Welche sensorielle bzw. sinnliche Erziehung kann man dem Kind unter diesen Umständen zuteil werden lassen? Einer industriell vorgefertigten Nahrung entsprechen technologische Kommentare; also spricht man über andere Dinge, über das Auto, die Katze, vielleicht singt man sogar ein Liedchen, wenn man nicht vom Fernseher übertönt wird. Wo sind die sprachlichen Entdeckungen, die Verbindungen zwischen Wörtern und Dingen? Wo bleibt das Lächeln beim Anblick des grünen Blattes auf der roten Erdbeere, das spitzbübische Eintauchen des Fingers in die Sahne?

Es ist nicht auszuschließen, daß bestimmte Sprachschöpfungen unserer Dichtkunst unbewußt auf einen »Geschmack im Mund« zurückzuführen sind, der sich auf die Liebe zu den Worten der Mutter stützte. Das Vergnügen an Wortspielen, das Schreiben von kleineren Hymnen, von »Proömien«[6] bei den Jugendlichen könnten ihren Ursprung hier haben.

Selbstverständlich kann der Wortschatz in seiner Vielfalt später durch Verfeinerung oder intellektuelle Vervollkommnung erworben worden sein; aber dieser reiche Wortschatz ist technischer Art und erinnert an Winnicotts Definition der falschen Organisation des Selbst – eine vom Körper und seiner psychosomatischen Untermauerung abgetrennte Schöpfung.

Aber damit nicht genug. Nach den verheerenden Auswirkungen der vereinheitlichten Säuglingsnahrung hat die Nahrungsmittelindustrie sich die Kleinkinder als Zielgruppe vorgenommen und die »breiig-weichen« Nahrungsprodukte eingeführt, für die McDonald's stellvertretend ist. Hier finden sich einige Merkmale eines Übergangsobjekts (wie Teddybär, Taschentuch, Deckenzipfel oder andere)[7]; ein Hamburger von McDonald's spielt eine Rolle, die, auf Spielzeug bezogen, mit der eines geliebten Teddybären verglichen werden kann. Darum lohnt es sich, die Übereinstimmungen zwischen jenen für das Kind »unverderblichen« Objekten und dieser »leichtverderblichen« Nahrung schrittweise zu verfolgen.

1. »Das Kind beansprucht dem Objekt gegenüber Rechte, denen wir als Erwachsene zustimmen.« Als höchste Belohnung an schulfreien Nachmittagen besteht das Kind auf einem Hamburger von McDonald's. Die Eltern sind sich dabei der Erpressung vollkommen bewußt und lassen sie zu. Das Kind darf diese Art von Gastronomie als die »ihm eigene« betrachten.

2. »Das Objekt wird zärtlich behandelt, aber auch leidenschaftlich geliebt und mißhandelt.« Wir behaupten jedoch, daß das Objekt nicht so sehr zärtlich behandelt als vielmehr mit Leidenschaft und Eßlust erwartet wird, um manchmal verschlungen, aber genauso oft zerkrümelt, wieder von sich gegeben, ausgeschieden (wie das Übergangsobjekt) und zu einer abstoßenden Masse gefärbter Nahrungsmittel zu werden.

3. »Das Objekt darf nicht verändert werden, außer wenn das Kind selbst es verändert.« Ein Hamburger unterliegt einer strikten Standardisierung, was Beschaffenheit, Lebensdauer, Geschmack usw. anbelangt. Das Kind kann zwar manchmal von einer Hamburger-Variante zur anderen übergehen, wählt jedoch im allgemeinen die gleichen Produkte, die es in der gleichen Reihenfolge ißt. Das ist die *sameness*, eine notwendige Identifikation für den Psychotiker und, offensichtlich, auch für den westeuropäischen Jugendlichen.

4. »Für uns Erwachsene gehört das Objekt der Außenwelt an, nicht aber für das Kind; andererseits gehört es auch nicht zur inneren Welt.« Diese Art von Nahrung gehört weder zum familiären noch zum außerfamiliären Speiseplan. Es handelt sich vielmehr um ein Zwischenprodukt, das weder von der mütterlichen Brust noch von der Außenwelt stammt. Hamburger und Pommes frites sind weder Fleisch noch Gemüse, sondern McDonald's.

5. »Das Schicksal des Objekts ist es, daß ihm allmählich die Besetzungen entzogen werden, so daß es im Laufe der Jahre zwar nicht in Vergessenheit gerät, jedoch in die Rumpelkammer verbannt wird.« In den Vereinigten Staaten gehören Hamburger zum Alltag, aber in Europa sind sie noch eine Nahrung für das von den Erwachsenen fast ignorierte Übergangsalter. Sie ist das typische Produkt der Jugend (des Identischen, Zeichen der Originalität, das von der breiten Masse unterscheidet) und wird von jedem Feinschmecker abgelehnt, obwohl er später mit den eigenen Kindern manchmal zu diesem vergessenen »Ding« zurückfindet.

Der Hamburger von McDonald's ist also breiig-weich, erfordert weder den Einsatz des Gebisses noch irgendeine Anstrengung, bleibt für immer und ewig gleich. Sein Geschmack ist schwach, vereinheitlicht, sein Geruch nicht wahrnehmbar und dennoch notwendig, damit das Kind ihn wiedererkennt. Er ist ein konsumierbares Objekt, also immer dazu bestimmt zu verschwinden, aber durch Zauber wieder neu zu erstehen. Welche Sprache geht mit seinem Konsum einher?

Jugendliches Magenknurren und standardisierte breiigweiche Hintergrundmusik. Ein Hamburger ist das Nahrungsübergangsobjekt, das durch seine mangelnde Neuheit und das Fehlen jeglicher Anstrengung Sicherheit erzeugt: Er ist einer der Richtungsweiser einer sprachlosen Gesellschaft, die unbeweglich in der Zeit stehenbleibt.

Das Kind, das Verlangen, der Kuß

Lewis Carroll, der Kinder und somit ihr Vergnügen liebte, hatte Alice »unter das zweifache Zeichen des Wortes und

28

der Nahrung« gestellt. »Der Schacht, den sie sehr langsam hinunterfällt, ist mit Büchern und Marmeladenschränken ausgekleidet.«[8] Das Fläschchen mit der Aufschrift »Trink mich«, das Alice austrinkt, »schmeckte nach einer Mischung aus Kirschtörtchen, Vanillesoße, Ananas, Gänsebraten, Karamel und frischen Buttersemmeln«.[9] Das Kind in jedem von uns lächelt vor Vergnügen bei dieser Schilderung, während es den Feinschmecker, also den Erwachsenen, vor dieser schrecklichen Mischung schaudert.

Das Kind lernt, durch Worte sein Verlangen zu formulieren: »Die Tendenz des hungrigen Mundes drückt sich durch diesen selben Mund in einer signifikanten Kette aus, legt in ihn diese Möglichkeit, die Nahrung zu beschreiben, die es begehrt. Welche Nahrung? Das erste, was daraus resultiert, ist, daß dieser Mund sagen kann: *Das will ich nicht essen.* Die Verneinung, die Abwendung, das *Ich mag das und nicht etwas anderes* des Begehrens.«[10] Das »Ich mag das« nimmt den Begriff eines Werturteils auf, die Positionierung im Vergleich zuerst zu dem Begehren des anderen, dann zu dem eigenen, und so setzt die Vielfalt des Geschmacks den Lernprozeß der Urteilsfähigkeit in Gang.

Alice im Wunderland ist die Schilderung eines Traums, und Carroll läßt die kleine Alice wieder in die reale Welt zurückkehren, indem er sie ganz einfach aufweckt. »Und ist das Paradies selbst nichts anderes als die Massenphantasie von der Kindheit des einzelnen?«[11] In den kindlichen Träumen nimmt die von den Eltern verbotene Naschlust einen wichtigen Stellenwert ein, wie auch bei Anna Freud, die im Alter von neunzehn Monaten einen Tag nüchtern gehalten wurde und in der Nacht erregt aus dem Schlaf vor sich hinrief: »Anna F(r)eud, Er(d)beer, Hochbeer, Eier(s)peis, Papp!« – »Daß die Erdbeeren dabei in zwei Varietäten vorkamen, war«, meinte der Vater, »eine Demonstration gegen die häusliche Sanitätspolizei.«[12] Ein anderes Kind aus dem Freundeskreis der Familie Freud – ein vierjähriger, ebenfalls auf Diät gesetzter Junge – hatte folgenden Traum: »Er hat eine große garnierte Schüssel gesehen, worauf ein großes gebratenes Stück Fleisch war, und das Stück war auf einmal ganz – nicht zerschnitten – aufgegessen. Die Person, die es gegessen hat, hat er nicht gesehen.«[13] Für ein kleines Kind kommt es einer Strafe gleich, fasten zu müssen, denn es möchte mit weitgeöffnetem Mund alles verschlingen. »Der Traum,« sagt Freud, »ist eine Wunscherfüllung.«[14] Der Wunsch der kleinen Kinder ist es, den Mund mit dem geliebten Objekt zu füllen, die Leere des Mundes symbolisiert die Angst vor dem Gefühlsverlust im Zusammenhang mit dem Seinsverfehlen.

Von dem mit köstlich schmeckenden Träumen gefüllten Mund zu dem mit gelehrten Wörtern gefüllten Mund ist es nur ein Schritt, nämlich der der Etymologie. Da die fundamentale Oralität der Verdrängung und dem Vergessen geweiht war, hat man vergessen, daß das französische Wort »savoir« von dem 980 erstmals erwähnten *saveir* kommt, das seinerseits wieder vom lateinischen *sapere* stammt, was »Geschmack haben« heißt und im übertragenen Sinn »Geschmack haben, fühlen, verstehen, kennen, Urteilskraft haben« bedeutet. Das Substantiv »savoir« stammt von dem im Jahre 842 erstmals erwähnten *savir*, »Weisheit, Intelligenz« ab[15]. Diese Sprachentlehnung zeigt, wie das Kindliche der Sprache mit den kindlichen Spuren des Unbewußten auf paradigmatische Weise zusammentrifft.

Der Wissensdurst ist mit dem Mund verbunden, muß jedoch dann die verschlungenen und verkannten Pfade der Desexualisierung, d.h. der Sublimierung durchwandern, gewissermaßen vom Mund zum Gehirn geführt werden …

Doch zuvor liefert der Mund dieser partiellen Desexualisierung ein sexuelles Gegenargument: Er erlernt das Küssen.

Der Kuß wird von zärtlichen Worten begleitet, gebraucht das Sehvermögen, mobilisiert den Tast- und den Geruchssinn, das heißt den Geschmack: Die Oralität mischt hier überall mit. Der erste Kuß, den das Kind gibt, wird im Familienkreis als aktive, »bewußte« affektive Aufnahme einer Beziehung zur Umwelt erlebt. Zuerst läßt sich der Säugling passiv küssen, ist erlaubtes, abgeschlecktes, gekitzeltes, angehauchtes erotisches Objekt. Nach und nach jedoch führt der Erwachsene ihn in die Dialektik des Verlangens und seiner Erwiderung ein. Die Mutter – die hinlänglich gut ist – ist diejenige, die eben nicht vollkommen gut ist und das »Geschenk Kind« zurückweisen kann, wenn für sie keine Hoffnung auf eine Wechselbeziehung besteht. Die Gegenseitigkeit der Gabe der Lust ist eine unerläßliche Voraussetzung. Wer betrügt, wird verstoßen, ob er nun unreif, psychotisch, autistisch oder schlicht nur gehemmt ist.

Wenn das Kleinkind zum erstenmal bewußt die Lippen auf das geliebte Gesicht drückt, sie dann eifrig in einer schnellen und feuchten Bewegung spitzt, die von einem leisen Schmatzen begleitet wird, wird es in die Gebärdentätigkeit der Sexualität eingeführt. Der Säugling ist sozusagen mit einer Gebrauchsanweisung für das Leben und die Liebe auf die Welt gekommen.

»Affektive Störungen« ist eine Bezeichnung für verfehlte Beziehungen; aber es ist bestimmt anschaulicher, wenn man von einem kranken Kind sagt: »Es kann nicht und es mag nicht küssen.« Das Seinsverfehlen ist sofort spürbar, das mütterliche und kindliche Ausgleichen der Leiden ist gleich gegenwärtig. Ein kleines Kind, das keinen Kuß geben kann, ist ein krankes Kind und weiter nichts. Später werden die Küsse sich verändern, werden komplexer, erotisch oder leidenschaftlich, möglicherweise sogar pervers sein.

Psychopathologie

Die Psychopathologie der Oralität, sowohl in bezug auf die Nahrung als auch auf das Wort, wird in ihrem ganzen Umfang in dem Werk Wolfsons *Le Schizo et les langues*[16] (Der Schizophrene und die Sprache) sichtbar. In diesem autobiographischen Buch eines Kranken treten zwei miteinander verknüpfte Elemente in Erscheinung, die Nahrung und die Wörter.

Wolfson haßt und vergöttert zugleich die von seiner Mutter gekaufte Nahrung und die von ihr gesprochene englische Sprache. Die Mutter tischt vor seinen Augen »exquisite Speisen« auf, und er »hält sich mit dem Finger die Ohren zu, um seine Mutter nicht zu hören, falls sie in einer für seine Ohren schmerzhaften Sprache spricht«. Bezeichnend ist, daß Wolfson zwischen zwei Bulimieanfällen seine Zeit dem Erlernen von Fremdsprachen widmet, die er fleißig anwendet, denn wenn er seine Mutter Englisch sprechen hört, werden in ihm die gleichen Schuldgefühle wach, wie wenn er zuviel gegessen hat. Also muß er, um diese Formen der Gefahr abzuwehren, sich auf beschwörerische Weise mit viel Mühe einen Satz in einer fremden Sprache einprägen oder, besser noch, alle seine Kräfte aufbieten, um die Kalorien oder die chemischen Formeln aufzuschlüsseln, die der »intellektualisierten und gereinigten Nahrung« entsprechen, das heißt, »die langen Ketten ungesättigter Kohlenstoffatome der Pflanzenöle. Er kombiniert die Kraft der chemischen Strukturen mit der Kraft der Fremdwörter«[17]. Er hat also Angst vor der durch seine Mutter besudelten englischen Sprache und vor durch »Trichinen, Bandwürmer, Regenwürmer, Madenwürmer, Hakenwürmer, Leberegel und Fadenwürmer«[18] verunreinigter Nahrung. »Zwischen den unerträglichen mütterlichen Wörtern und den giftigen oder verschmutzten Nahrungsmitteln einerseits sowie den fremden Verwandlungsvokabeln und den Formeln der instabilen Atomverbindungen andererseits besteht also eine große Ähnlichkeit.«[19]

Wolfson unterteilt seine Welt in zwei Arten von Lebenselementen, in die »Zerstörer«, wie etwa die Sachwörter, die Nahrung, den Trieb, das Leben, und in die »Retter«, wie zum Beispiel die Fremdsprachen, die Atomstrukturen, das Wissen, die Sublimierung. Der Schizophrene versucht, sich der Zerstörung zu entziehen, indem er sich ständig zwischen Wahnsinn und Angst bewegt. Dies gelingt ihm nur, wenn er die angsteinflößenden Nahrungsmittel, genau wie die Wörter seiner Mutter, beherrscht, indem er die chemischen Strukturen ausspricht, aus denen sie sich zusammensetzen und die ihm im Grunde ebenso unbekannt wie die Fremdsprachen sind. Freud weist auf die »schizophrene Ersatzbildung« und auf »das Überwiegen der Wortbeziehung über die Sachbeziehung«[20] hin. Denn der Schizophrene drückt eindeutig die Beziehung zwischen dem Wort und den Dingen aus, die hier zum einen durch die chemischen Strukturen und die Fremdsprachen und zum anderen durch die Nahrung und die Mutter repräsentiert wird.

Gefühl und Sprache

Fühlen heißt in der Sprache und durch die Sprache fühlen. Die Wörter über Gefühle und Wahrnehmungen schaffen ein Feld, das die Psyche der Person miteinschließt:

1. Rhetorische Figuren wie die Metapher, die Metonymie, das Symbol haben ihren Ursprung in der bildhaften Vorstellung, im Visuellen.

2. Die grundlegenden Affekte – Zuneigung, Liebe, Leidenschaft, Haß, Angst – sind archaisch und benutzen den Geruchssinn als Basis oder sogar als primitive Stütze; häufig beruhen Anziehung oder Abneigung auf dem Geruch. In diesem Zusammenhang hat das Sehen eine Funktion der Affekt- und Triebverstärkung.

3. Die Mutter-Kind-Verbindung ist in der Haut und in dem Geruchssinn verankert. Winnicott, Spitz, Anzieu und Dolto, die diese Verbindung erwähnen, spielen jedoch nicht auf den Geschmack an, obwohl die Mutter das Kind füttert und es die ersten Erfahrungen mit dem Geschmack machen läßt, der – genau wie die Sprache – über die Zunge, den Gaumen und die Geschmackspapillen erfolgt. Aus diesem Grund führt die Liebe zur mütterlichen Nahrung in der Logik des Unbewußten zur Liebe zur Muttersprache.

4. Die Kommunikation durch den Ton und die Stimme stellt im Raum die Verbindung zur visuellen Abwesenheit her und ist mit der Musik, den Wörtern, der Musik der Wörter verknüpft.

Wenn man in der Psychoanalyse von dem Stoff ausgeht, der durch die auf Erinnerungen beruhenden Wörter gewebt wurde, findet man nachträglich sozusagen den Faden und den Schuß früherer Gefühle wieder. Die kindliche

Wahrnehmung existiert nur in der Illusionsspur, das Flüchtige ist in der Deckerinnerung bewahrt; für denjenigen, der sich einer psychotherapeutischen Behandlung unterzieht, vermehren die Fortschritte seiner Entwicklung die Anzahl seiner perzeptorischen Erinnerungen, die ihm immer genauer erscheinen: Er sieht sie als einen kostbaren Bestand, für dessen Echtheit er die Gewähr übernimmt, und zwar selbst dann, wenn es manchmal beim Abklingen bestimmter Assoziationen offensichtlich erscheint, daß die Wahrnehmung irregeleitet wurde, ja sogar, daß sie auf die beschriebene Weise faktisch nicht existieren konnte.[21]

Die Wahrheit über die Vergangenheit, das, wodurch diese Wahrheit repräsentiert wird, »da die Sache erst verschwinden muß, um repräsentiert zu werden«[22], wird nun zu dem Wort über die Speise, die so die orale Vorstellung der geträumten Mutter wird, die Mutter, deren Brust im Mund ist, die auf immer verlorene Mutter. Diese optimistische Hypothese gilt dem mit Worten gefüllten Mund, der in einem Sprachbezug »innerhalb einer Gemeinschaft leerer Münder«[23] kommuniziert. Die ersten Anfänge der Introjektion finden »dank der Erfahrungen des leeren Mundes statt, die durch die mütterliche Präsenz verdoppelt werden«. Durch dieses System setzen die Introjektionen ein, die das Identifikationssystem des Individuums hervorbringen. Parallel dazu erscheint die Sprache, die vom Kind wiederholte Sprache der Mutter, da »der Übergang von dem mit der Brust gefüllten Mund zu dem mit Worten gefüllten Mund über Erfahrungen eines leeren Mundes erfolgt«[24]. Bevor jedoch die Sprache überhaupt in Erscheinung tritt, existiert die nie versiegende und nie versiegte mütterliche Brust – als Musterbild für die begehrenswerteste Nahrung, als Garten Eden, in dem sich keinerlei Bedürfnisse, also keine Sprache, einstellen. Diese paradigma-

tische Brust, dieses »Piktogramm«[25], ist eine ursprünglich
sensorische Brust, die den Mund mit ihrem Behältnis und
ihrem Inhalt gefüllt hat; diese »Ausfüllung«, dieses Voll-
sein, das sich die Leere nicht vorstellen kann, geht schnell
verloren, um schließlich nur noch in der Halluzination zu
bestehen.

Was geht klinisch vor, wenn dieses Lusterleben des Ge-
fülltseins nur in geringem Maß oder gar nicht stattgefun-
den hat? In der Psychoanalyse nimmt die Vorstellung des
verlorenen Objekts wieder den Weg zum Sinnlichen dank
eines symbolischen Ersatzes der gleichen Kategorie, der
den Platz der für immer verlorenen Geschichtsspur einnimmt.[26] Es handelt sich hierbei um eine Art von Restitu-
tion einer symbolisch durch den Geschmack übertragenen
Introjektion in (und nicht durch) die Sprache: Die Brustwarze ist für das abgewiesene Kind bitter. Folglich hat der
»realistische« Diskurs über die symbolische Vorstellung die
Funktion, die Verzerrungen des Piktogramms zutage treten zu lassen.

Was läßt bei der psychoanalytischen Behandlung im
Gedächtnis mehr bildhafte Erinnerung wieder aufsteigen
als die Beschreibung des von der Mutter zubereiteten Nah-
rungsinhaltes? Zur Wiedergutmachung kehrt die Vergangenheit zurück, und das Subjekt will nun um jeden Preis
die ersten Spuren verändern. Der Analytiker versteht dieses Begehren als Vorstellung eines alten Schmerzes, der
sich einen Weg durch die Erinnerung und die Zensur
bahnt und symbolisch durch die Sinnlichkeit repräsentiert
wird. Wer die hinterlassenen Eindrücke wiedergutmacht,
macht das Symbol wieder gut, das Evidenz für das verletz-
te Ich ist. Bei den motorischen und perzeptiven Restrik-
tionen, die wesentliche Bestandteile des analytischen
Raumes sind, wird das Subjekt mit der Unzulänglichkeit

der Symbolisierung durch einen Vorgang fertig, der Ähnlichkeit mit der formalen Regression aufweisen kann. Es zeigt sich also eine Steigerung des Sprachapparates, der sich zum Boten dessen macht, was von den Objektvorstellungen im Vorbewußten nach dem Durchlaufen der Zensur sichtbar wird, sofern sie diese im Prinzip unüberwindliche Schranke durchbrechen können. Die verletzten Symbole kehren in den Diskurs durch eine Aktualisierung vergangener Prägungen zurück, die verschoben und auf dem sensorischen Pol wiedergegeben werden. Stellvertretend für seine früheren Prozesse verteidigt sich das Subjekt, indem es bei der Übertragung manchmal unweit des traumatischen Zustands agiert.

Wortliebe und Worthaß

Frühere wie heutige Feinschmecker bezeichneten sich immer als »Sprachliebhaber«[27]. Brillat-Savarin hat mehrmals und nicht ohne Stolz darauf hingewiesen, daß er fünf oder sechs Fremdsprachen beherrschte[28], denn im Grunde »begehrt er das Wort, wie er Trüffel, ein Thunfischomelett, ein Fischragout begehrt; wie jeder Schöpfer von sprachlichen Neubildungen hat er einen fetischistischen Bezug zum einzelnen, gerade durch seine Eigenartigkeit klar erfaßten Wort.«[29] Als Erfinder von Neologismen, die (mit Ausnahme von »gastlicher Geselligkeit«) nicht überliefert worden sind, schien er die orale Lust sowohl beim Kosten als auch bei der Stimm- und Lautbildung zu genießen.

Grimod de la Reynière hatte es sich zur Aufgabe gemacht, »vielmehr einen kulinarischen Stil zu schaffen, der die Kochkunst mit der Schrift verbindet, als eine kulinarische Information zu geben. Er stellt ein ›Savoir-manger‹, eine Eßkultur vor, die untrennbar mit der Schriftkultur verbunden ist. Gabel und Schreibfeder sind die beiden Attribute, die nicht von einem Gourmet wegzudenken sind ... In der Schrift wird ein ständiger metaphorischer Bezug zwischen Essen und Schreiben hergestellt. Die Zubereitung eines rohen Nahrungsmittels wird mit der Bearbeitung eines Textes, der Küche der Wörter, verglichen und umgekehrt ... Die sexuelle Metapher ist ein semantischer Operator, der die gastronomische Schrift wiederaufnimmt. Diese allgemeine Sexualisierung des Kulinarischen durch das Spiel der Konnotation verleiht dieser Schrift einen sehr schlüpfrigen Charakter. Nicht der traditionelle Witz des Genießers wird hier eingesetzt, sondern eine *transgressive Oralität, die in einer perversen Sprache zum Ausdruck kommt.* Grimod de la Reynière erfaßt alle möglichen Konnotationen zwischen der Erotik und der Feinschmeckerkunst, indem er die amüsante Ungeschliffenheit mit raffinierten literarischen Effekten mischt.«[30]

Tragisch ist es, wenn der leere Mund, dem die mütterliche Brust entzogen wurde, sich schließlich mit Worten füllt, und zwar unter Bedingungen psychischen Leidens und durch das Zutun von Mutter, Vater, Bruder oder Schwester, die die Sprache des Sadismus, der Aggression oder der kastrierenden Denunziation beherrschen. Dann wird sich dieser Mund mit Flüchen, Beschimpfungen und Haß füllen. Der Kot, mutmaßliches Resultat der Nahrung, wird durch Umkehrung Objekt des Wunschtriebes, selbst nährendes Produkt, und wird dem Anus-Mund präsentiert. Die Koprolalie (die krankhafte Neigung zum Aussprechen unanständiger Wörter meist aus dem analen Bereich), Entsprechung dieser imaginären Koprophagie (Essen von Kot), wird den Sprachapparat strukturieren, und das erste

Objekt, die geliebte Brust, wird gehaßt, abgelehnt, verstümmelt, getötet werden. Die Identität skatologischer und rassistischer Erörterungen hat vermutlich hier ihren Ursprung. Nachdem der Mensch nur Scheiße zu essen gegeben hat, wird er seinerseits Scheiße (man ist das, was man gibt). Der Empörte wird den Vorgang verallgemeinern und sich als angreifendes-angegriffenes Opfer sehen: Derjenige, der mir Schlechtes gibt, nimmt mir etwas von meinem guten Ich weg; indem ich Schlechtes zurückgebe, nehme ich vom Guten des anderen; im Grunde ist der andere nur schlecht, also abzulehnen, und ich ebenfalls; nichts ist gut.

Zweiter Teil
Doch der Teufel schlief nicht ...

Von der ethischen zur ästhetischen Verfehlung

Der Mund ist der erste Ort des Austauschs zwischen dem Individuum und der Welt, er ist die Schnittstelle zwischen Innen- und Außenraum, zwischen Rachen und Kehlkopf, das heißt, zwischen Ernährungs- und Atemfunktion: Hier hat das Lustempfinden seinen Ursprung, und hier ist die sowohl nahrungs- als auch sprachbezogene moralische Verfehlung entstanden. Die Hypothese, daß eine anatomische Stelle, auch wenn sie so zentral gelegen ist wie der Mund, der Träger des Verstoßes gegen die moralische Regel ist, setzt stillschweigend voraus, daß die Menschheit von jeher ihre Gesetze über seine Funktionalität erstellte. Es ist also durch topische Koinzidenz bedingt, daß dem Essen oder Aussprechen von etwas Verbotenem dieselbe Logik des Unbewußten zugrunde liegt.

Historisch und soziologisch gesehen ist die Nahrung ein gesellschaftlicher Marker, der es ermöglicht, die Gruppen auf den ersten Blick voneinander zu unterscheiden. Der Mensch ißt, wie jedes andere Lebewesen auch, aber außerdem spricht er, und dies hat dazu geführt, für das Wort im symbolischen Bereich und die Nahrung bei der Aufnahme in die Gruppe als ersten auserwählten Ort des Konsenses den Mund zu nehmen. Dieser anfangs religiöse Konsens ist heute in jeder Klasse oder Gruppe vielseitiger und gleichzeitig ärmer geworden und bezieht sich im Westen im wesentlichen auf die Körperideologie.

Das Nahrungsverbot herrscht also ohne Unterlaß seit der Bibel. Läßt sich folglich die Hypothese aufstellen, daß es für die religiösen Verbote und die heutigen, durch den »Körperkult« unserer Zeitgenossen und ihre Angst vor dem

Dickwerden aufgestellten Diätvorschriften eine gemeinsame Plattform gibt? Die Psychoanalyse, die die unbewußten Systeme der Identifikation aufgedeckt hat, versucht zu beweisen, daß die gegenwärtigen medizinischen Regeln, ob sie nun die Gesundheit betreffen oder, auf mehr oder weniger indirekte Weise, die Ästhetik, dieselbe archaische Basis haben wie die religiösen Gesetze: Alle gründen auf den Gefahren der Einverleibung, die zur Introjektion und dann zur Identifikation führen (zum Beispiel: Ich esse koschere Nahrung, also assimiliere ich jüdische Nahrung, also bin ich Jude). Aus diesem eindeutigen und zugleich völlig unbewußten Grund entspricht die Einverleibung einer verbotenen Nahrung einem Wechsel der Identifikationen (zum Beispiel: Ich esse Teigwaren, also assimiliere ich eine Nahrung, die für hübsche Frauen verboten ist, also bin ich aus der Gruppe der sexuell attraktiven Frauen ausgeschlossen). Früher schloß man sich aus der christlichen Gemeinschaft aus, wenn man während der Fastenzeit Fleisch aß, nicht koscher essen machte einen Juden zu einem Goi, von dem Fleisch heiliger Kühe essen, verbannte den Inder aus der Gruppe der Hindus. »Sag mir, was du ißt, und ich sage dir, wer du bist« – diese volkstümliche Redensart kommt, wie so viele andere, aus dem Unbewußten.

Unsere Epoche kennzeichnet durch die Verlagerung ihrer Interessen den Übergang vom Mystizismus, vom Gefühl der Transzendenz Gottes zum armseligen Narzißmus, zu den Phantasmen von der Allmacht des Körpers, ja der Unsterblichkeit. Auf jeden Fall spielt sich die Nahrungsaufnahme im Rahmen eines absoluten Panmanichäismus ab, da, je nach Blickwinkel, jede Nahrung sowohl an dem Prinzip des Guten als auch des Bösen teilhat. Die Nahrungsaufnahme ohne jede moralische Fessel unterliegt bekanntlich einer Strafe, und diese ist im Geist schon präsent, sobald sich das Verlangen ankündigt.

Jede Zuwiderhandlung gegen die Ernährungsvorschriften (Anorexie, Bulimie, Alkoholismus, verschiedene Abhängigkeiten) entsteht aus einem Scheitern des Abwehrsystems, wodurch das Gefühl einer Erbschuld zutage treten kann; diese Erbschuld geht, indem sie die Zensurschranke überwindet, vom Unbewußten, wo sie bei jedem eingeprägt ist, in das Vorbewußte über und wird im Realen durch die Übertragung aktualisiert. Hier wird die Ambivalenz des Bezugs zur Welt in regressiver Weise ins Spiel gebracht, indem das Anfangsparadigma wiedergefunden wird: Es ist die Hemmung, den Wunsch zu befriedigen, die böse Brust zu verschlingen (Anorexie), oder im Gegenteil, die Gesamtheit der Welt zwischen den Zähnen zu zermalmen (Bulimie), oder schließlich die Weigerung, die nährende Brustwarze loszulassen, aus Angst, mit dem Gefühl der absoluten Leere konfrontiert zu werden (verschiedene Abhängigkeiten). Jede dieser unbewußten Phantasieprojektionen, selbst wenn sie schwer ausfindig zu machen ist oder von Abwehrschichten verdeckt wird, entstand aus primitiven Körpergefühlen und ist in unterschiedlichem Maß an diesen Pathologien beteiligt.

Das Ich als Körperprojektion »wählt« den Körper als sichtbaren Ort des Vergehens, das somit von der Umgebung des Kranken auf den ersten Blick auszumachen ist: Selbst wenn die übertriebene Schlankheit als Ideologie zur Magerkeit im gleichen Verhältnis steht wie ein durch Fasten ausgehungerter Heiliger zu einem Überlebenden der Konzentrationslager, bestätigt für ihn die unbewußte Wahl des Individuums ebenso die Verfehlung der Gruppe oder der Eltern ihm gegenüber wie seine eigene; durch diese unbewußte Entscheidung wird der Körper somit zum fleisch-gewordenen Triumph der Schuld.

Die modernen Diätvorschriften sind nur eine Abwandlung der zeitgenössischen Ideologie; doch da sie ein wesentliches Grundverbot verdecken und überlagern, war ihre Einführung absolut notwendig. Jeder Esser ist ein Sünder, und er weiß es, aus Gründen, die ihm um so klarer und deutlicher sind, als ihm das Wesentliche unbewußt ist. In diesem Rahmen hat die Ernährungslehre mit ihren Freuden und ihren Zuwiderhandlungen, ihrer vorgeblichen Wissenschaftlichkeit die Religion ersetzt, und das Gefühl der Gruppenzugehörigkeit spielt hier immer noch eine wichtige Rolle: Früher war es der Wunsch, der Gruppe der Christen anzugehören, heute ist es der Wunsch, in die Gruppe der Schlanken aufgenommen zu werden. Wer Gruppe sagt, sagt Norm, wer Norm sagt, sagt auch Gegennorm, also Verbot. Das Verbot schwankt, spielt zwischen Bedürfnis und Verlangen, ist den unliebsamen Zufälligkeiten des Wissens unterworfen. Jedes Zeitalter hat seinen Nahrungscode, der von einem Komplex von Zeichen und Signifikanten repräsentiert wird. Für den Psychoanalytiker liegt die wesentliche Bedeutung nicht so sehr in der Dekodierung dieser Zeichen, die in historischer, politischer, wirtschaftlicher und medizinischer Hinsicht interpretiert werden können, als vielmehr darin, auf die Verschleierung des Tabus hinzuweisen: Genau wie der von Zwangsvorstellungen Besessene, der nur von seinen Waschritualen spricht, um sorgfältig den analen, fäkalen Teil seines Körpers oder seines Habitats, das er schützt, zu verbergen, besteht die Ernährungsgeschichte aus einer offiziellen und einer inoffiziellen Version; aus dieser Sicht ist die moderne Ernährungslehre wohl nur eine der neuen Masken der Wiederholung.

Psychoanalytisch gesehen entspricht die verdeckte Allgegenwart dieses Tabus einer masochistischen Ablehnung der Lust. Vom historischen und soziologischen Standpunkt mag diese Behauptung paradox, ja irreführend erscheinen, da das Fest, das Festessen, mythische Bacchanalien oder bescheidene Familienfeiern zu allen Epochen, allen Zivilisationen gehören. Doch was folgt, wenn die augenblicklichen Verbote nicht respektiert werden? »Ein Fest ist ein gestatteter, vielmehr ein gebotener Exzeß, ein feierlicher Durchbruch des Verbotes. Nicht weil die Menschen infolge einer Vorschrift froh gestimmt sind, begehen sie die Ausschreitungen, sondern der Exzeß liegt im Wesen des Festes, die festliche Stimmung wird durch die Freigebung des sonst Verbotenen erzeugt.«[1] Danach kehrt alles wieder zu seiner gewohnten Ordnung zurück, und das Tabu nimmt erneut den Platz ein, den es nur gelegentlich verlassen hat. Das Lustprinzip führt zur Maßlosigkeit, die nur zu dulden ist unter Beachtung der geschriebenen Gesetze; sonst wird es menschliche und göttliche Donnerwetter geben. Die tägliche Angst vor der Beziehung zur angegriffenen-angreifenden Welt wird auf das Objekt Nahrung übertragen: Die Krankheit ist eine Bestrafung, und die Nahrung wird, bei dem gegenwärtigen Scheitern der Wertesysteme, zum Träger der allgemeinen moralischen Verfehlung bei der Gesamtheit der menschlichen Beziehungen. Jede Krankheit wird zur Krankheit aufgrund eines Verstoßes, des mit einer schuldhaften Nachlässigkeit verbundenen Fehlers: Das Rauchen verursacht Krebs, Trinken Leberzirrhose, und diese immanente Gerechtigkeit befriedigt auf heimtückische Weise die Frustrierten.

Daß sich diese Auffassung ins kollektive Denken eingenistet hat, beweist auf harmlose Weise, wie heute jede Nahrungsaufnahme, die nur vage mit einem Lustgefühl ver-

bunden ist, von einer schuldbewußten Feststellung begleitet wird (»Oh! Diese Sauce, dieser Kuchen, o Schande, ich
sollte ja eigentlich nicht! Diese Nudeln, wie schlecht für
die Linie!«). Bei Kindern verweisen manchmal bestimmte
hartnäckige Nahrungsverweigerungen auf das Vorwissen,
daß die Moral geschluckt und im Teller mit der Erziehung
aufgenommen wird; es herrscht hier also eine instinktive
Abwehr gegen das, was sie nur als eine große Beeinträch-
tigung ihrer Daseinsfreiheit erleben können.

Das Ich ist wachsam und streng in seiner Rolle als Hü-
ter der Nahrungsorthodoxie, denn es will hier Zeit gewinnen gegenüber dem Über-Ich, das zum großen Teil aus den
Identifikationen über die Introjektionen und die Verbote
entstanden ist. Genauer gesagt, in der Nahrungsaufnahme
befindet sich das Ich in einer Kompromißposition zwischen einem aus dem Es hervorgegangenen Trieb und
einem Über-Ich, das danach strebt, sich durch die Aktualisierung dieser Verbote zu stärken, da es sonst schwächer
wird und zu verschwinden droht. Der Alkoholiker weiß,
daß der Alkohol zunehmend zu seinem moralischen Verfall beiträgt, doch gerade um seine transgressiven Wünsche auszuleben, neigt er dazu, ihn zu trinken.

Dieses mysteriöse Schuldgefühl, das der banalsten und
alltäglichsten Handlung, dem Essen, zugrunde liegt, hat
mit dem hebräischen Begriff *choq* zu tun: »Was den absurden Charakter des Tabus im Gegensatz zu den verständlichen moralischen Regeln angeht, so ist diese Dichotomie
auch im biblischen und talmudischen Raum von funda-
mentaler Bedeutung, der die *mischpátim* – oder die logisch
begründeten Vorschriften vom Typ ›was du nicht willst,
das man dir tu, das füg auch keinem andern zu‹, die Um-
kehrbarkeit der Situation, die genügt, das Verbot zu unterstützen – dem *choq*, der unverständlichen, unmotivierten

Regel, zu der gerade die Eßriten gehören, gegenüber-
stellt.«[2] Ein kurzer historischer, soziologischer und religi-
öser Streifzug soll dies erläutern.

Die defensive Verschiebung im 3. Buch Mose

Die Aussage, daß die Nahrung ein gesellschaftlicher Marker sei, nimmt das göttliche Wort wieder auf. Denn gleich
zu Beginn und als Zeichen des Bundes hat Gott die
Nahrung eines Traumlandes angeboten, das einer Brust
gleicht, aus der Milch süß wie Honig fließt. Zur gleichen
Zeit hat er als Gegenleistung die Notwendigkeit der Teilung, der Trennung bestätigt. »Daher habe ich euch gesagt:
Ihr seid es, die ihren Boden in Besitz nehmen sollen. Ich
bin es, der ihn euch zum Besitz geben wird, ein Land, in
dem Milch und Honig fließen. Ich bin der Herr, euer Gott,
der euch von diesen Völkern ausgesondert hat. So unterscheidet zwischen reinem und unreinem Vieh, zwischen
unreinen und reinen Vögeln! Macht euch nicht selbst abscheulich mit diesen Tieren, diesen Vögeln, mit allem, was
auf dem Boden kriecht. Ich habe es für euch als unrein
unterschieden. Seid mir geheiligt; denn ich, der Herr, bin
heilig, und ich habe euch von all diesen Völkern ausgesondert, damit ihr mir gehört.«[3]
    Nun setzt also ein endloser Teilungsprozeß ein. Die er-
ste Teilung findet zwischen dem auserwählten Volk und
Gott statt und sondert das Profane von dem Heiligen ab.
Die zweite Teilung stellt dann die Trennung zwischen
Mensch und Tier dar, die somit die verschiedenen Arten
kennzeichnet. Die dritte findet in bezug auf Menschen-
gruppen statt und bezeichnet den Bruch zwischen dem
auserwählten Volk und den anderen Völkern. Die vierte

Teilung ist eine qualitative und unterscheidet das reine vom unreinen Tier. Diese Aufspaltungen haben dann die Teilung der Welt in zwei Hälften zur Folge, und zwar in die reine auf seiten Gottes, in die unreine auf seiten des Menschen.

Das Kapitel 11 des 3. Buchs Mose (Levitikus) erörtert bis in alle Einzelheiten den Kodex der reinen Tiere, die anderen fallen in den Bereich der Unreinheit. Diese Verbote sind zu bekannt, so daß es sich erübrigt, im Detail auf sie einzugehen, sie erfüllen hier nur einen demonstrativen Zweck. Um diese rätselhafte Notwendigkeit der Komplexität hervorzuheben, muß jedoch festgehalten werden, daß jene Tiere, deren Verzehr erlaubt ist, sich durch Eigenschaften unterscheiden, die ineinandergreifen: Zuerst müssen es Wiederkäuer sein, dann müssen sie Hufe, schließlich gespaltene Hufe besitzen, während alle anderen Säugetiere ausgeschlossen sind; die Fische ihrerseits müssen Flossen und Schuppen aufweisen.

Alle anderen sind unrein.

Welchen Sinn soll man diesem Katalog der Unreinheiten beimessen? Welche Bedrohung lauerte, damit solche mächtigen Verbote ausgesprochen wurden? »Ihr sollt sie als abscheulich ansehen; von ihrem Fleisch dürft ihr nicht essen, und ihr Aas sollt ihr verabscheuen.«[4] Die Drohung einer bevorstehenden Gefahr wird bis zum Schluß präzisiert: »Unter allem Kleingetier sollt ihr diese für unrein halten. Jeder, der sie berührt, wenn sie tot sind, ist unrein bis zum Abend.«[5] Und: »Jeder Gegenstand, auf den eines dieser Tiere fällt, wenn sie tot sind, wird unrein, jedes Holzgerät, Kleid, Fell, grobes Zeug und jeder Gebrauchsgegenstand. Man muß einen solchen Gegenstand in Wasser tauchen; er ist unrein bis zum Abend und erst dann wieder rein. Jedes Tongefäß, in das ein solches Tier fällt, müßt ihr zerbrechen, und sein Inhalt ist unrein.«[6]. Alles, was das Unreine berührt[7], soll zerstört oder beseitigt werden, das Tongefäß, das Wasser in diesem Gefäß, der Ofen, der Kessel, der Samen ...

Exegeten und Psychoanalytiker weisen gerne darauf hin, daß die Tiere, »deren Verzehr erlaubt ist, den Totemtieren der Hebräer vor dem Sinai seltsam gleichen, und zwar dem Stier oder dem Widder, für die sie Ersatz sind«[8]. Gewiß eine interessante Beobachtung, die sich mit den Arbeiten von Abraham[9] und Reik[10] deckt, dennoch kommen zu viele Ausnahmen ins Spiel, zu viele Tiere sind verboten, ohne daß die Gefahren der Rückkehr oder der Regression zur Götzenverehrung klar erkennbar wären. Tatsächlich garantiert einzig und allein das passive Auf-sich-Nehmen der Gesamtheit dieser Riten für die Juden den Bund mit Gott, indem ihnen eine mögliche Angleichung an den göttlichen Status in den schönsten Farben ausgemalt wird: »Denn ich bin der Herr, euer Gott. Erweist euch als heilig, und seid heilig, weil ich heilig bin.«[11] Höchste Auszeichnung zwar, doch im Grunde nicht glaubhaft in dem biblischen Kontext, in dem das Bild Gottes für den Menschen überwältigend und unbegreiflich, nicht darstellbar ist.

Das jüdische Volk, das sich selbst Volk des Buches nannte, hat parallel dazu die strengsten und unverständlichsten Gesetze über die Nahrung aufgestellt – herrscht hier nicht ein innerer Widerspruch? Maimonides legt in seinem *Führer der Unschlüssigen*[12] dar, daß derjenige, der diesen Gesetzen einen Sinn geben will, ein Unschlüssiger ist. Die Wahrheit sei, daß uns diese Gebote gegeben worden sind, um das Seelenwohl zu wahren, in Anbetracht der Tatsache, daß die bezeichneten widerlichen und ekelhaften Nahrungsmittel schädlich für die Seele, den Ursprung der Vernunft, seien, sie dumm und jähzornig machten und sie der

Verwirrung der Leidenschaften auslieferten. Diese erzeugten ihrerseits wieder den Geist der Unreinheit, der, da er die Gedanken und die Taten beschmutzt, den Geist der Reinheit und der Heiligkeit aus der Seele vertreibt.

Kann man, ohne auf die religiöse Exegese[13] einzugehen, *mischpatim* und *choq* differenzieren und verallgemeinernd berücksichtigen, daß das religiöse Nahrungsgesetz zwangsläufig für den Verstand unbegreiflich ist, selbst wenn es manchmal im wortwörtlichen Sinn begreiflich erscheint? Ein Unschlüssiger zu sein, droht also auch dem Psychoanalytiker, der im Grunde nur die Feststellung bestätigen kann, nach der das Verschlüsseln des Unreinen in der Sündensprache für den einzelnen sowie für die Gesellschaft ein Mittel ist, der lähmenden metaphysischen Angst zu entgehen.

Wenn wir den Mund als anatomische Schnittstelle des Wortes und der Nahrung betrachten, ist jedoch auch eine andere Hypothese denkbar. Die Nahrungsaufnahme ist, objektiv gesehen, viel leichter zu beherrschen als das Sprechen. War die Bedeutung, die der Nahrung beigemessen wurde, nicht ein Versuch, den Prozeß umzuleiten und das zwangsläufig unkontrollierbare Verbot des Wortes zu verlagern? Welche Stellung nahm die Sprache im Alten Testament ein, insbesondere die innovative Sprache der Propheten? Es gab zwölf kleine Propheten wie Hosea, Jonas oder Zacharias, vier große Propheten – Jesaja, Jeremias, Ezechiel und Daniel –, und dann kam Jesus. Alles änderte sich nun, und zusätzlich änderte sich auch die Stellung der Nahrung. Hatte man in einem System unbewußter Äquivalenzen versucht, das religiöse Denken durch die Fixierung auf einen unberührbaren *Status quo* der Nahrung festzulegen? Für das von Anfang an zur Exegese der Heiligen Schrift erzogene mosaische Volk hing der Versuch, das

Wort unter Kontrolle zu halten, von der Verweigerung einer überbesetzten psychischen Realität ab: Aus diesem Grund konnte kein die Oralität betreffendes Gesetz das prophetische Wort abgrenzen oder ausreichend umschreiben.

Die Propheten, unmittelbar von Gott inspiriert, stellten ihre Worte als unanfechtbar hin, je offenkundiger die Existenz rivalisierender Gruppen war. Es war dennoch notwendig, zwischen »demjenigen, der die Prophezeiungen ausspricht, und demjenigen, der sie aufschreibt, zwischen dem Propheten und dem Schriftgelehrten«[14] zu unterscheiden. Doch als sich das Volk Israel auflehnte, beschloß Gott, um sich Gewißheit über die Zuverlässigkeit der Transkription der Worte zu verschaffen, die er dem Propheten Ezechiel diktierte, daß dieser die Worte sich einverleiben sollte. Da Ezechiel das göttliche Wort verschlang, konnte er es nur in seiner ganzen Reinheit in direkter Linie, vom Vater zum Sohn, wiedergeben.

Den Buchstaben verschlingen, um den Geist wiederzugeben – das ist eine Position, die spiegelverkehrt zu der des Johannes ist, denn bei Ezechiel ist es das Fleisch, das Wort wird: »Du aber, Menschensohn, höre, was ich zu dir sage. Sei nicht widerspenstig wie dieses widerspenstige Volk! Öffne deinen Mund, und iß, was ich dir gebe. Und ich sah: Eine Hand war ausgestreckt zu mir; sie hielt eine Buchrolle. Er rollte sie vor mir auf. Sie war innen und außen beschrieben, und auf ihr waren Klagen, Seufzer und Weherufe geschrieben. Er sagte zur mir: Menschensohn, iß, was du vor dir hast. Iß diese Rolle! Dann geh, und rede zum Haus Israel! Ich öffnete meinen Mund, und er ließ mich die Rolle essen. Er sagte zu mir: Menschensohn, gib deinem Bauch zu essen, fülle dein Inneres mit dieser Rolle, die ich dir gebe. Ich aß sie, und sie wurde in meinem

Mund süß wie Honig. Er sagte zu mir: Geh zum Haus Israel, Menschensohn, und sprich mit meinen Worten zu ihnen!«[15]

Die einzig mögliche Abwehr der Ketzerei wird letztendlich darin bestehen, Bauch und Leib mit dem göttlichen Wort zu füllen; der Mund wird schließlich zu einem Ort der Einheit, an dem kein Konflikt ausgetragen wird, das Aufgenommene und das Wiedergegebene sind nunmehr eins. Es ist die Salbung eines vergöttlichten Mundes, der vom Körper losgelöst ist, eine vollkommene Widerspiegelung des göttlichen Wortes.

Matthäus und Lukas: Der Vorrang des Wortes

Wie gelang es dem Christentum, das abzuschaffen, was für das frühe Judentum das eigentliche Wesen des Religiösen war, nämlich die Beachtung sehr genau bestimmter Nahrungsgesetze? Die Änderung der Nahrungsgesetze markierte die Gründung und schließlich die Zugehörigkeit zu einer neuen Religion, denn die Verletzung des Tabus verblüffte die Vorstellungskraft des einfachen Volkes, da sie die Gruppenillusion zerstörte. In der neuen Ausgangssituation des Evangeliums wurde das Wort nicht mehr für die Sache genommen, es ging nicht mehr um die Benennung des Nahrungsmittels, sondern dem Menschen wurde die Verantwortung für den Gebrauch des Wortes übertragen. Bewußt wurden die Gläubigen von Jesus aufgefordert, wie Matthäus berichtet, sich von den mit den Inkorporationen verknüpften Identifikationen abzusetzen: »Und er rief die Leute zu sich und sagte: Hört und begreift: Nicht das, was durch den Mund in den Menschen hineinkommt, macht ihn unrein, sondern was aus dem Mund des Menschen herauskommt, das macht ihn unrein. Da kamen die Jünger zu ihm und sagten: Weißt du, daß die Pharisäer über deine Worte empört sind?«[16]

Der Skandal ist da. Die Pharisäer sind beunruhigt, denn der neue Prophet stellt das Heilige in Frage, indem er die Bewegung von außen nach innen umkehrt. Die Ketzerei ist nicht mehr außerhalb, ebenso in sich aufnehmbar wie das Heilige, sondern im Innern des Selbst; es sind die Worte, die Gedanken, die aus dem Ich ausströmen und in die Welt Eingang finden; jeder Mensch trägt also dazu bei, das Unreine zu erzeugen.

Und Matthäus erläutert, daß der Körper nicht mehr das Auffangbecken für das Heilige ist, daß er nur eine normale physiologische Funktion hat; er verweist auf seine Verdauungstätigkeit und macht die banale Feststellung, daß die Nahrungsmittel Fäkalien produzieren. Der Geist des Menschen liegt im Wort: »Begreift ihr nicht, daß alles, was durch den Mund (in den Menschen) hineinkommt, in den Magen gelangt und dann wieder ausgeschieden wird? Was aber aus dem Mund herauskommt, das kommt aus dem Herzen, und das macht den Menschen unrein. Denn aus dem Herzen kommen böse Gedanken, Mord, Ehebruch, Unzucht, Diebstahl, falsche Zeugenaussagen und Verleumdungen. Das ist es, was den Menschen unrein macht; aber mit ungewaschenen Händen essen, macht ihn nicht unrein.«[17]

Sein Standpunkt ist offenbar dem des Ezechiel entgegengesetzt, denn hier wird das, was in den Bauch gelangt, zum Exkrement, wird ausgeschieden, Körper und Eingeweide sind nicht mehr das Behältnis des göttlichen Wortes. Essen und Sprechen werden endgültig zwei verschiedene Funktionen. Die Nahrung erhält wieder die bescheidene Funktion einer Überlebensnotwendigkeit. Das Sprechen hat den Vorrang vor den anderen oralen Funktionen. Das Wort prägt den Menschen. Essen nimmt nur noch einen untergeordneten Rang ein, der Mensch lebt nicht vom Brot allein: »Du sollst an den ganzen Weg denken, den der Herr, dein Gott, dich während dieser vierzig Jahre in der Wüste geführt hat, um dich gefügig zu machen und dich zu prüfen. Er wollte erkennen, wie du dich entscheiden würdest: ob du auf seine Gebote achtest oder nicht. Durch Hunger hat er dich gefügig gemacht und hat dich dann mit dem Manna gespeist, das du nicht kanntest und das auch deine Väter nicht kannten. Er wollte dich erkennen lassen[18], daß der Mensch nicht nur von Brot[19] lebt, sondern daß der Mensch von allem lebt, was der Mund des Herrn[20] spricht.«

Ein Gleichnis über die Liebe Gottes, die Abwehr der teuflischen Versuchung, die Angst, den Heiligen Geist zu verlieren. In einem einzigen Satz findet sich die Synthese der biblischen Botschaft, Altes und Neues Testament sind vereinigt, Moses und Jesus sind innig verbunden in der Verehrung des göttlichen Wortes.

Thomas von Aquin: Die Gaumenlust und ihr Gegenmittel

Im Gegensatz zu den überkommenen Vorstellungen wird im Mittelalter das Verhältnis zur Nahrung auf leichtere Weise dargestellt. Dort verweist Essen unter Umständen nur auf eine läßliche Sünde, die Schlemmerei.

Der heilige Thomas von Aquin erörtert in seiner *Summa Theologica*[21] die Notwendigkeit der Maßhaltung als Tugend der Beherrschung, des rechten Maßes. Seine Fragestellung hat einen modernen, mit unserer heutigen Sinnlichkeit übereinstimmenden Beiklang. Er verweist auf den

Unterschied zwischen Bedürfnis und Verlangen und betont, wie schwierig es sei, die Zugehörigkeit zu dem einen oder dem anderen zu beurteilen: »Weil beim Essen sich die Lust mit der Notwendigkeit verbindet, weiß man nicht, was die Notwendigkeit fordert und was obendrein die Lust fordert.«[22]

Nach dieser Feststellung ist Thomas von Aquin bestrebt, die jeweiligen Felder des Bedürfnisses und des Verlangens voneinander abzugrenzen: »Es gibt ein doppeltes Streben: Das eine ist das *Naturstreben*, das zu den Kräften der vegetativen Seele gehört: In diesen kann weder Tugend noch Laster sein, weil sie der Vernunft nicht unterworfen werden können. Daher wird auch die Strebekraft in diesem Sinne unterschieden von der Kraft, Nahrung bei sich zu behalten, zu verdauen, auszuscheiden. Und zu solchem Streben gehören Hunger und Durst. Es gibt aber auch das *sinnliche Strebevermögen*, in dessen Begehren das Laster der Gaumenlust besteht. Daher schließt die erste Regung der Gaumenlust eine Unordnung im sinnlichen Strebevermögen ein, die nicht ohne Sünde ist.«[23] Die Schwierigkeit besteht, wie stets, wenn es um Physiologisches geht, darin, eine Norm festzulegen: Was ist das den Zufälligkeiten der Komplexe eines jeden einzelnen unterworfene »Naturstreben«? Die Eßlust würde zuerst von der individuellen Homöostase, dem Gleichgewicht der physiologischen Körperfunktionen, und nur in zweiter Linie von der hinzukommenden Störung abhängen.

Läßliche Sünde oder Todsünde? »Ungeordnete Begierde nach Speisen jedoch verunreinigt den Menschen geistigerweise. Nur das gehört zur Gaumenlust, wenn jemand aus Begierde nach genußreicher Speise wissentlich beim Essen das Maß überschreitet.«[24] Das wäre nicht so schlimm. Doch Thomas von Aquin betont, daß die Folgen viel weiter reichen, als es im ersten Augenblick scheint, denn die Gaumenlust führt schließlich zu Unkeuschheit und Geschwätzigkeit. »Die Größe einer Sünde läßt sich aus der Größe der Strafe bemessen. Die Sünde der Gaumenlust aber ist am schwersten bestraft worden. So sagt Chrysostomus: ›Die Unenthaltsamkeit des Bauches vertrieb Adam aus dem Paradiese; dieselbe bewirkte auch die Sintflut, die zur Zeit des Noe war.‹ Und bei Ezechiel 16,49 heißt es: ›Das war die Schuld Sodomas, deiner Schwester: Übersättigung an Brot.‹« Und dann zieht Thomas von Aquin die Schlußfolgerung: »Unzucht, Begierde, Hochmut bringt der Bauch hervor.«[25]

Die Eßlust ist kein isoliertes Vergehen und führt andere fleischliche Sünden mit sich. So gilt die Unmäßigkeit aufgrund ihrer sekundären Folgen als »die größte der Sünden, mindestens außer den Sünden, die sich gegen Gott richten«. Thomas von Aquin verweist darauf, daß die Bestrafungen diesen Unmäßigkeiten angemessen waren: Adam wurde aus dem irdischen Paradies verjagt, weil er die Frucht vom Baum der Erkenntnis des Guten und des Bösen gegessen hatte, Noah bezahlte seine Trunkenheit damit, daß er seinen Sohn verfluchte, Sodom und Gomorrha wurden durch die Gier ihrer Bewohner nach Gaumen- und Fleischeslust von den Flammen zerstört. Es vermischen sich hier in dem Verstoß und seiner Bestrafung orale und genitale Sexualität, denn unter dem Einfluß der Eßlust wird die Geschlechtlichkeit dem Bösen, dem Schändlichen zugeordnet.

Als indirekte Bestrafung kann die Krankheit eine der Konsequenzen der Schlemmerei sein: »Deren Schuld wird jedoch schwerer, wenn jemand wegen unmäßigen Genusses an Speisen körperlichen Schaden erleidet.«[26] Diese »medizinische« Position des Thomas von Aquin hat im Vergleich zum Alten Testament den Vorzug, daß sie eindeutig ist; dort war der direkte Bezug zwischen Krankheit und Sünde deshalb so schwer faßbar, da die Verfehlung gleichzeitig unklare und metaphysische Konnotationen hatte, ja sogar das Verschulden von Vorfahren bis zurück ins siebte Glied sein konnte. Im antiken Kontext brachten Krankheiten und Gebrechen auf beängstigende Weise die Vorstellung von Verantwortlichkeit mit sich. Die Geschichte Hiobs ist dafür beispielhaft. Im Gegensatz dazu hat die auf dem gesunden Menschenverstand basierende Lehre des Thomas von Aquin eine beruhigende Wirkung: Derjenige, der weiß, daß er eine Verfehlung begangen hat, wird von sich aus die Notwendigkeit der Bestrafung einsehen.

Die letzte Konsequenz der Eßlust ist schließlich die Geschwätzigkeit: Die Unmäßigkeit beim Essen zieht die verbale Unmäßigkeit nach sich, der Mund wird nun wieder zum ganzheitlichen Ort der Verfehlung, zu viele Speisen kommen zu vielen Worten gleich: »Wenn die der Gaumenlust Verfallenen nicht maßlose Schwatzhaftigkeit mit sich fortrisse, so würde nicht jener Reiche, von dem es heißt, daß er täglich glänzende Mahlzeiten gehalten, an der Zunge besonders heftige Feuerqualen leiden müssen.«[27] Maskiertes Wiederauftreten der Ängste des Alten Testament …

Was soll man angesichts dieser Drohungen, dieser Verstöße vorschlagen? Gerade als die Sünde angeprangert wurde, strebte man eine radikale Lösung an: das Fasten, »die wunderbare Enthaltsamkeit«.[28] Thomas von Aquin erläutert: »Übermäßig Hunger zu leiden, ist kein Verstoß gegen die Sitten, sondern vielmehr verringert er die Sünde oder entschuldigt sie vollständig«[29], was zur Folge hat, daß »das Fasten auf zweierlei hingeordnet ist, nämlich die Tilgung der Schuld und die Erhebung des Geistes zu Höherem«.[30]

Camporesis Untersuchungen zufolge mußte man im Mittelalter »unüberwindliche Barrieren des Widerwillens gegen die Nahrung und, letztendlich, gegen das Leben schaffen (...), eine negativ besetzte Küche, eine Küche des Protestes gegen den organischen Rhythmus des Fleisches auf den Plan treten lassen, eine Küche, die mit allen möglichen Verfahren der Bestrafung Schuldgefühle zu erzeugen versuchte. (...) Auf diese Weise gelangten der heilige Antonius und Hilarion von Gaza zu außergewöhnlicher Enthaltsamkeit. Offensichtlich traf die *abstinentia* mit der *continentia* zusammen. Leben ohne zu essen kam einer Ideologie der Reinheit, einer Verweigerung des Kontaktes mit der unreinen Welt gleich.«[31]

Am Leben des heiligen Aloysius von Gonzaga wird der Zusammenhang von Adoleszenz–Abstinenz–Fasten–Heiligkeit besonders deutlich. Gewiß, Segneri[32], der Verfasser des Panegyrikons, übertreibt in gewisser Weise die Beweisführung mit dem Ziel der Erbauung. Er entwirft das Ideal der Epoche, das sich in einem Jüngling verkörpert. Der zarte Jüngling Aloysius von Gonzaga lebte in einem prächtigen Palast und war von der »Begierde nach Bußfertigkeit« dermaßen überwältigt, daß »er das Gefühl hatte, ein wollüstiger Apicius zu sein, wenn er jemals ein ganzes Ei bei einer Mahlzeit aß (was selten geschah)«. Er nahm nur Wasser und Brot zu sich, trug auf den nackten Lenden einen Gurt mit spitzen Sporen, legte glühende Holzscheite in sein Bett, kniete im Winter stundenlang im bloßen Hemd beim nächtlichen Gebet, geißelte sich dreimal am Tag und in der Nacht mit »Stricken, Leinen, Ketten, Nadeln, mit Dornen besetzten Rosen, schrecklichen Peitschen. Jede

Woche nahm seine liebevolle Mutter seine blutgetränkten Hemden entgegen«.

Was heute als Selbstverstümmelung und Anorexie gilt, bildete damals die Grundlage für die Heiligkeit; wie die Beziehung zur vorbildlich frommen Mutter war, entzieht sich unserer Kenntnis. Auf welcher Ebene spielte sich aber das körperliche Lusterleben des Heiligen und das Lusterleben in der Mutter-Kind-Beziehung ab?

Die Verstümmelung rührte im Mittelalter von einer Fehleinschätzung des Reinheitsbegriffs her, denn der Körper galt als Sitz des Bösen. Die Psychoanalyse vermag diese Art des Lusterlebnisses nicht zu beschreiben; es ist jedoch verbürgt, daß der Exzeß, wie bei der gewöhnlichen Eßlust, hier eine Schlüsselposition einnimmt.

Anscheinend ist die Anorexie, der Orgasmus des Hungers[33], auch die Schlemmerei des Fastens. Zum lebenswichtigen Bedürfnis nach einem leeren Magen gesellt sich die degenerierte Lust am Verlust des Lustempfindens. Schlemmerei des Fastens, Wollust des leeren Magens, Leidenschaft der Intelligenz in einem ätherischen Körper, ein reiner Geist, weit entfernt von der alltäglichen, vulgären Stofflichkeit – eine abnorme Art von Befriedigung und Lusterleben, die Freud zufolge einen »Fortschritt in der Geistigkeit, eine Zurücksetzung der Sinnlichkeit, das Selbstbewußtsein einer Person wie eines Volkes«[34] erhöht.

Eine neue Religion: Die Ernährungslehre

In unserer Zeit hat die Religion ihre Vorzugsstellung verloren. Bedeutet das nun, daß die Nahrungsverbote nicht mehr beachtet werden? Es ist vielmehr das Gegenteil der Fall: Aufgrund der Tatsache, daß die dogmatische schriftliche Kodifizierung fehlt bzw. endlos diversifiziert wird, kommt man ihm mehr denn je nach.

Bei unserem Diätbemühen überschneiden sich zwei Aspekte: Ästhetik und Tod. Einerseits ist »schön«, also schlank zu sein, eine zwingende narzistische Notwendigkeit, andererseits setzt die gesellschaftliche Errungenschaft einer gewissen Lebensqualität ein ästhetisches Altern voraus, gaukelt dem Unbewußten die Sicherheit von Unsterblichkeit vor. Um diese Ziele zu erreichen, beschreitet das Subjekt in einer narzistischen Suche, die sich auf Behauptungen stützt, die um so weniger Widerstand dulden, als sie wissenschaftlich nicht verbürgt sind, unfreiwillig wieder den alten Weg, indem es einigen Nahrungsmitteln die Rolle eines Sündenbocks zuweist, sie für gefährliche »Dickmacher«, also für todbringend hält. Diese neue Lehre läßt dennoch sehr zu wünschen übrig, denn es gibt keine allgemeingültige Richtschnur. Ärzte, Ernährungswissenschaftler und Scharlatane verschiedenster Prägung verbreiten ihr mutmaßliches Wissen und oft unterschiedliche Standpunkte, so daß die Meinungen auseinandergehen. Früher verkündeten Priester und Rabbiner die gleiche Art von Verboten auf die gleiche Weise, das heißt das Gesetz variierte nur in der Strenge oder Nachsicht, mit der die religiöse Autorität es zur Anwendung brachte; es war für alle gleich, nachprüfbar, denn beim geringsten Zweifel konnte immer auf die Heilige Schrift zurückgegriffen werden. Die Allgemeinheit wiegte sich um so mehr in dem trügerischen Bewußtsein, im Besitz des Wissens zu sein, als die näheren metaphysischen Umstände ihr verschlossen blieben; wesentlich für sie war einzig und allein die Errettung ihrer Seele – ein einfaches, moralisches und beruhigendes Vorhaben.

Heutzutage nimmt das Schlankheits- und Gesundheitsideal oft die Stelle der Ethik und der Religion ein; es ist übrigens nur einer der Pole der Verweigerung der medizinischen Kastration. Diese *zwingende narzistische Notwendigkeit* dient heute als unbewußtes Dogma: Unsere Religion des Körpers ist ein Zeichen für den Rückzug einer Kultur, die sich von der Objektbesetzung und Transzendenz, die sie nur als eine Entfremdung erfahren kann, zugunsten der unaufhörlichen Forderungen eines ständig unbefriedigten Ich losgesagt hat. Denn es besteht ein struktureller Unterschied darin, ob man in der Fastenzeit auf üppiges Essen verzichtet, um des Todes Christi zu gedenken, oder ob man nach Ostern eine Fastenkur macht, um sich einen neuen Badeanzug in einer kleineren Größe zu kaufen. Zweifelsohne ist der Ich-Kult in allen Epochen der Geschichte anzutreffen, aber die ausschließliche Zentrierung auf den eigenen Körper führt unweigerlich in eine ethische und kulturelle Sackgasse.

Die Ernährungswissenschaft ist nicht genau faßbar, *sie schwankt zwischen der Denunziation des Exzesses und der Hervorhebung des Mangels,* und es läßt sich nicht verhehlen, daß ihre Fehlerrate hoch ist. Die Fastenkuren X, Y, Z stehen im totalen Widerspruch zueinander, keine Diätvorschrift wird von allen anerkannt, nicht einmal in ein und derselben Krankenhausstation.

Für die Gesunden läßt sich die Ernährungslehre zu einer Notwendigkeit zusammenfassen, die in unserer konsumorientierten Gesellschaft zwingende Gesetzeskraft hat: das Abnehmen. Zu diesem Zweck werden alle bei der Ernährung auftretenden Grundelemente zusammengerufen, sei es in der rettenden Schlüsselrolle, sei es zur Abschreckung: Vor einem esoterischen Hintergrund medizinischer Hermeneutik wird die Aufmerksamkeit desjenigen, der abnehmen will, in einer offensichtlichen, pädagogisch-demagogischen Vereinfachung auf eine beschränkte Anzahl von Komponenten polarisiert. Sind erst einmal die Initiationsvoraussetzungen anerkannt, dann spielt sich die manichäische Welt des Guten und des Bösen ab. Zum Beispiel:

– Manche haben das Bedürfnis, viel Wasser zu trinken, wahrscheinlich in der unbewußten Absicht einer inneren moralischen Reinigung.

– Einige teilen das Cholesterin in »gutes« und »schlechtes« Cholesterin ein, hinzu kommen die sogenannten »Leicht-Produkte«, die in den Jahren von 1985–1990 noch als »gut« galten und in letzter Zeit verteufelt werden. Im Diätkode hat das Wort »Fett« einen negativen Beiklang – außer, wenn es in einem gastronomischen Kontext verwendet wird, z.B. Bohneneintopf mit Gänsefett – wesentlich neutraler erscheint der Begriff »Lipid«.

– Andere wiederum räumen dem Vollkornbrot die absolute Vorrangstellung in der Gesundheitsideologie ein, doch in den USA ist diese schon längst in Frage gestellt worden.

– Einige glauben, daß die Unterdrückung des Hungergefühls ein Grundsatz der heutigen Fastenkuren sei, dies ist aber nichts Neues, denn frühere Generationen haben manchmal an der Fastengrenze gelebt.

In den vergangenen Jahrhunderten wurden die Nahrungsmittel in die Kategorien kalt und feucht, heiß und trocken, nützlich und unheilvoll, weich und hart, locker und erhaben eingeteilt. Dieses Vokabular ist entschieden reicher an Assoziationen und gefühlsmäßigen Konnotationen als die heutige wissenschaftliche Terminologie, die von Lipiden, Proteinen und Kohlehydraten spricht. Die chemische Definition eines Nahrungsmittels informiert zwar die

Ernährungs- und Gesundheitsexperten, aber dieses Wissen scheint nicht vermittelbar zu sein, denn je genauer die Terminologie ist, um so unsicherer ist der Gebrauch, der davon gemacht wird. Warum sollte man, der gleichen Logik folgend, nicht erkennen, daß unser modernes Kalorienzählen das bemißt, was das Mittelalter schlicht als die Sünde der Schlemmerei bezeichnete? Eine Mahlzeit mit dreitausend Kalorien wäre somit eine Todsünde, da die Ernährungslehre in ihrer unbewußten »theologischen Dimension« das Verbot und die Denunziation der Lust übernimmt.

Ist das Gewicht die einzige Obsession, und ist die Ästhetik des Körpers nicht nur die Tochter der Schlankheit? Nicht wirklich, und zwar deshalb nicht, weil »das Bild des Körpers von dem Körper der mit den Nahrungsmitteln verbundenen Bilder verschlungen werden kann«[35]. Die Werbemetaphern über die Nahrung führen zu einer Art Transsubstantiation, die sie zum Körper machen, zu dem Wesen, in dem die gepriesene metaphorische Eigenschaft enthalten ist: Der Körper des Produkts, der Körper der Wörter wird somit zu Wörtern über den eigenen Körper.

Der Weg, den die Werbung für Mineralwasser einschlägt, ist in dieser Hinsicht sehr aufschlußreich: Die Reinheit des Mineralwassers wird durch einen Berg bei schönem Wetter dargestellt, wobei die Qualität der Luft wahrnehmbar ist; in dieser Landschaft verweist das gesunde und sportliche Aussehen der Menschen auf die Reinheit der eingeatmeten Luft und assoziativ auf die Reinheit des Wassers. Die Luft, definitionsgemäß nicht darstellbar, ist der metaphorische Ersatz für das Wasser, weil man die Reinheit leichter über die Luft als über das Wasser veranschaulichen kann, insofern die Reinheit mehr auf eine Lebensqualität verweist. Ein sichtbares Element – das Wasser – wird durch ein unsichtbares Element – die Luft – dargestellt und verweist durch Konnotation auf die nicht abbildbare Eigenschaft des ersten Elements: die Reinheit. Das der Beschaffenheit nach Unsichtbare verbindet sich auf diese Weise mit der durch formelle Notwendigkeit figürlich dargestellten Sache und bildet eine *Gestalt,* ein unauflösbares Ganzes.

Im Lauf der Jahrhunderte ist die Darstellung des Körpers in der Malerei und Bildhauerei den verschlungenen Wegen der ästhetischen Regeln gefolgt. War jedoch, historisch gesehen, die Obsession eines standardisierten Körperbildes bei der herrschenden Schicht in der gleichen Intensität vorhanden? Es ist anzunehmen, daß sich diese fixe Idee erst durch die Verbreitung von Spiegeln in den Wohnungen einnistete[36]. Unsere Kultur ist eine Kultur der visuellen und akustischen Eindrücke, des Auges und des Gehörs, des Bildes und der Sprache. Zuvor, »in einer spiegellosen Gesellschaft hing die körperliche Identität zweifellos mehr von einer inneren Apperzeption als von einer äußeren Wahrnehmung ab«, während heutzutage »der Sinn der Beschreibung und der Abstraktion seine verfremdende Grausamkeit auf ein bevorzugtes Objekt, den Körper, ausüben kann«[37].

Die innere Apperzeption tendiert angesichts eines nach außen gekehrten Selbstbilds immer mehr zu verschwinden. Das unmittelbar Festgelegte, die juristische Identität, das Photomaton, das Bild aus dem Videorecorder sind an die Stelle des durch die Anmut, die Literatur und die Malerei verklärten Körpers getreten. Wir essen farblose, geruchlose und geschmacklose Wörter; unser Körperbild ist fade, standardisiert, meßbar, ist sozusagen der Tribut, der an das Massenzeitalter entrichtet wurde.

Die Funktion des Urteils

Welche Funktionen haben diese fortwährenden Verbote, und worauf beziehen sie sich? Was steckt hinter der Notwendigkeit, Zwänge, die das ganze Leben belasten, berücksichtigen und über sie Rechenschaft ablegen zu müssen? So stellt sich, was die Erlaubnis oder das Verbot betrifft, bestimmte Nahrungsmittel zu essen, die Frage nach der Entstehung der Urteilsfähigkeit.

Phänomenologisch begründet das »Nein« des satten Säuglings, diese »semantische Geste des ›Nein‹-Kopfschüttelns«, durch die der Mund die mütterliche Brust mit einer Drehbewegung losläßt, einen der harten Ich-Kerne[38]: Es ist die Entstehung der Autonomisierung des Wunsches, der Konstituierung des Willens, der Urteilsfunktion; es ist der Gründungsmoment, bei dem im Mund ein psychischer Niederschlag geschaffen wird.

Freud, der die Frage nach dem Urteil auf die Oralität ausrichtet, hat richtig erkannt: »Die Eigenschaft, über die entschieden werden soll, könnte ursprünglich gut oder schlecht, nützlich oder schädlich gewesen sein. In der Sprache der ältesten, oralen Triebregungen ausgedrückt: Das will ich essen oder will es ausspucken, und in weitergehender Übertragung: Das will ich in mich einführen und das aus mir ausschließen.«[39]

Beim Kleinkind geht das Erlernen der Begriffe »außen« und »innen« vom Konkreten aus, um dann in die Abstraktion, eine wichtige symbolische Funktion, zu münden. »Das ursprüngliche Lust-Ich will (...) alles Gute sich introjizieren, alles Schlechte von sich werfen. Das Schlechte, das dem Ich Fremde, das Außenbefindliche, ist ihm zunächst nicht identisch.«[40] Identisch, weil triebmäßig ähnlich, insofern als ein Trieb und sein Gegenteil anfangs identisch sind.

»Das Nichtreale, bloß Vorgestellte, Subjektive, ist nur innen; das andere, Reale, auch im Draußen vorhanden.«[41] Wie bilden sich »draußen« die ersten realen Differenzierungen? Durch orale Bewegungen. Das Kind bringt den Unterschied durch den Geschmack zum Ausdruck: Es bewahrt im Inneren seines Mundes die guten Geschmackseindrücke, wie das Gezuckerte, das es in sich aufnehmen will, und spuckt die schlechten Geschmackseindrücke aus, wie das Salzige, das Saure und das Bittere, das es sich nicht einverleiben will. Dann findet ein feineres, nuancierteres Sortieren statt, die verschiedenen Grundgeschmacksrichtungen verschmelzen harmonischer, dennoch werden das ganze Leben lang die als unangenehm eingestuften Geschmacksempfindungen aus nichtmitteilbaren Gründen eines subjektiven Urteils wieder ausgeschlossen, nach draußen verwiesen.

Die zweite Bedingung des Urteils zielt darauf ab, »ob ein Ding (Befriedigungsobjekt) in der Außenwelt da ist, so daß man sich seiner nach Bedürfnis bemächtigen kann«. Tatsächlich handelt es sich nicht darum, »ein dem Vorgestellten entsprechendes Objekt in der realen Wahrnehmung zu finden, sondern es wiederzufinden, sich zu überzeugen, daß es noch vorhanden ist«[42], unter Berücksichtigung der Tatsache, daß »die sexuelle Objektfindung eigentlich eine Wiederfindung ist«[43].

Wie soll man die Entstellungen erkennen, die das verlorene Objekt, das man wiederzufinden sucht, hinnehmen mußte? Um dies zu ermitteln, »hat die Realitätsprüfung dann zu kontrollieren, wie weit diese Entstellungen reichen«, und über das Objekt zu urteilen, denn »das Urteilen ist die zweckmäßige Fortentwicklung der ursprünglich nach dem Lustprinzip erfolgten Einbeziehung ins Ich oder Ausstoßung aus dem Ich«[44]. Zwei Bedingungen beherrschen also das Urteil: Sind die Eigenschaften eines Objekts gut oder schlecht für mich? Falls dieses Objekt noch im Realen vorhanden ist, welche Entstellungen hat es erlitten?

Beim Erwachsenen findet die Urteilsprüfung über ein derart abstraktes intellektuelles System statt, daß selbst die Vorstellung der Einverleibung durch den Mund absurd erscheint. Diese Urteilsprüfung muß jedoch in regelmäßigen Abständen durch Wiederholungen und durch eine Rückkehr zum archaischen Vorgang wieder aktualisiert werden: Wenn nicht, welchen Sinn sollte man dann bestimmten Annahmen oder Ablehnungen der einen oder anderen Kategorie von Nahrungsmitteln geben? Denn angesichts peremptorischer Behauptungen hat die geltend gemachte religiöse, ethische oder ästhetische Zweckbestimmtheit im Grunde wenig Bedeutung.

Sich selbst zu beurteilen, sich für einen guten Christen, Juden oder Moslem zu halten, besteht für einige darin, die Religion zwanghaft unter der Einhaltung der Nahrungsgesetze und dem wiederholten Aufsagen von Vaterunsern zu subsumieren, das die Rückversicherung sowie den Vorteil bietet, daß es heilige, also zwangsläufig statthafte Worte sind. Wenn das, was in den Mund hineingeht und aus ihm herauskommt, streng kodifiziert ist (»das kann ich in mich aufnehmen«), wird die Häresie nur außerhalb des Realitätsbereichs eingeordnet (»das möchte ich von mir ausschließen«).

Daher kommen auch Fragen wie: »Ist es gut für mich, Gymnastik zu machen, Vitamine zu schlucken, zu heiraten?« Mit anderen Worten: Soll ich es in mich aufnehmen oder es ausspucken?

In Wirklichkeit »sind Außen- und Innenraum nicht einfach mit Ausgespucktem und Hinuntergeschlucktem, ›die am Anfang stehen‹, deckungsgleich (…). Was ausgespuckt ist, ist ausgespuckt und existiert nicht mehr für den Lustkörper, ist vernichtet. Damit das, was von sich gegeben worden ist, dennoch *etwas* ist, muß zu dem Zerstörungstrieb noch die gegenläufige Kraft hinzukommen, um die Abwesenheit aufzuzeigen. Nun kann der Verlust ein Verlust sein, die Anwesenheit eines Mangels; und das Objekt eine Realität, etwas, das ist, wenn es nicht da ist.«[45]

Das Aufzeigen der Abwesenheit zwingt zu der erneuten Bestätigung ihrer Notwendigkeit. Die Wiederholung des Verbots versucht die Darstellung der Abwesenheit des verlorenen Objekts, und vor allem des Verbots des Lustgewinns und der Zerstörung. »So unterhält die syntaktische Verneinung, die Negation im Diskurs, mit dem zerstörerischen Impuls, dem Impuls, von sich zu geben, auszustoßen, zu verdrängen oder vielmehr auszuschließen, eine von Grund auf zweideutige Beziehung, da sie gleichzeitig Sinnbild ihrer Anwesenheit und das Mittel ihres Verschwindens ist«.[46]

Die Beziehung zu dem zu zerstörenden Objekt ist zweideutig: Jeder Trieb mit seiner doppelten Verwurzelung setzt zugleich den Wunsch zu zerstören und den in sich aufzunehmen voraus, wie bei den Psychotikern, die, da sie den Kot ablehnen, ihn hinunterschlucken, um ihn verschwinden zu lassen. Für das archaische Ich ist die Nahrung eines der Symbolobjekte dieser doppeldeutigen, zugleich sichtbaren und in sich aufnehmbaren oder sichtbaren und ablehnbaren Beziehung.

Die Urteilsfunktion muß aktualisiert werden, um in regelmäßigen Abständen wieder zur Vorstellung zurückzukehren; je mehr sie im symbolischen Bereich stattfindet, desto mehr wird sie zu sehr intellektuell verarbeitet, wird defensiv und verwandelt sich in Angst. Durch einen Rückgriff auf die syntaktische Verneinung, durch die Verweigerung, sich bestimmte Nahrungsmittel einzuverleiben, wird sie wieder konkret und versorgt den *corps propre*, den eigenen Körper, daher seine Fähigkeit, sich rückzuversichern. Im Französischen hat *corps propre* eine zweifache Bedeutung: Zum einen ist es die Bestätigung des körperlichen Ichs, des *self*, zum andern drückt dieser Ausdruck auch die Sauberkeit des Körpers aus – zelluläre Sauberkeit als Garant für die moralische Sauberkeit, also die Fähigkeit der Urteilsfunktion.

Die Entstehung der Schuld

Die menschliche Schuld entsteht an dem mythischen Schnittpunkt zwischen Bedürfnisbefriedigung und Lustempfindung. Wo endet der Selbsterhaltungstrieb, und wo beginnt die Sexualität? Die Sexualität, die von vitaler Bedeutung ist, lehnt sich an eine vitale Funktion an: Orale Bedürfnisse und Lustempfindungen sind zwei zusammengehörige und untrennbare Vorgänge, da »anfangs wohl die Befriedigung der erogenen Zone mit der Befriedigung des Nahrungsbedürfnisses vergesellschaftet war«[47].

Gibt es eine andere Notwendigkeit als die Lust an dieser Wohltat, diesem Überschuß, dieser Ergänzung? Wenn später »die Objektfindung eigentlich eine Wiederfindung ist«, gelangt man dann mit dem neuen Objekt zu der gleichen Fülle, zu dem gleichen Erlebnis der Befriedigung? Was passiert, wenn das neue Objekt das Ich oder der andere ist? Wann und von welchem Augenblick an beginnt das Verbot?

Über die Befriedigung eines lebensnotwendigen Bedürfnisses hinaus ist der Mund die erste Stätte des Lusterlebens, der Ausgangspunkt von Lust und Schuld ...

Vom oralen Begehren zum Leiden[1]

Was ist Nahrung? Nicht nur eine Reihe von Produkten, die statistischen und diätetischen Studien unterworfen sind. Sondern zugleich auch ein Kommunikationssystem, ein Vorrat an Bildern, ein Regelwerk des Gebrauchs, des Reagierens und des Sich-Verhaltens. Wie soll man diese ins Bild- und Zeichenhafte erweiterte Nahrungsrealität untersuchen? Die Fakten der Ernährung müssen überall dort erforscht werden, wo sie sich finden: durch direkte Beobachtung in der Wirtschaft, anhand der Techniken, Gepflogenheiten, Darstellungsformen der Werbung; durch indirekte Beobachtung im geistigen Leben einer bestimmten Bevölkerung.

Roland Barthes
»Für eine Pychosoziologie der zeitgenössischen Ernährung«, S. 67

Speisen und Wörter sind durch den gastronomischen Diskurs miteinander verknüpft, der ihnen Existenz verleiht und sie an dem Ort des Lustempfindens, dem Mund, preist. Dieser positiven Konnotation entspricht unvermeidlich eine negative: Manchmal können Wortvorstellungen die physiologische Funktionsfähigkeit des Individuums beeinträchtigen.

Hinter Magenbeschwerden, Leberstörungen oder leichten Verdauungsbeschwerden verbergen sich bisweilen psychosomatische Krankheiten. Die Patienten, die darunter leiden, stellen eine derart enge Verflechtung zwischen der Nahrung und dem Wort her, das sie bezeichnet, daß sie, obwohl sie oft als Schlemmer und Feinschmecker gelten, in Wirklichkeit nur Worte in sich aufnehmen und gewissermaßen durch einen Signifikanten, der ihnen im Magen liegt, krank sind.

Eines der Axiome der Psychoanalyse ist, daß jedes psychische Leiden sich an die Interaktion der Signifikanten anlehnt und daß diese spezifische Überschneidung unbewußt ist und nur klar erkannt werden kann, wenn man das Gesetz der freien Assoziation gelten läßt. Aus der Tatsache, daß diese Patienten sich der Ätiologie ihrer Leiden bewußt zu sein scheinen, ergibt sich eine paradoxe Konsequenz: Sie wissen und sagen, daß jede andere Bezeichnung der beschuldigten Nahrung bei ihnen eine andere Pathologie, ja sogar einfach ein Ausbleiben der Symptome verursachen würde.

Ein kurzer Rückblick auf die Psychologie der Entwicklung mag dieses Phänomen erläutern. Von Geburt an steht der Mensch in Verbindung mit einem Diskurs, der spezifisch für seine Familienzugehörigkeit ist; die Konnotation eines sprachlichen Signifikanten variiert also von einer Gruppe zur anderen und sogar innerhalb dieser Gruppe von einem Individuum zum anderen, je nach dem Rang, den es in bezug auf das Begehren der Mutter oder das Gesetz des Vaters einnimmt. Die Nahrung ist die Grundlage für die familiäre körperliche Beziehung und, als unmittelbare Folge, Matrix und Schmelztiegel für viele Neurosen, vielleicht auch Psychosen, ganz sicherlich für somatische Störungen. Nicht das Sexualverhalten im Schlafzimmer, sondern die Tischsitten werden in diesem Kontext den Eltern »niemals vergeben«. Dadurch nämlich entstehen die Fixierungen auf bestimmte Nahrungen, die außerhalb der familiären Logik über Menge, Qualität, Farben, Gerüche und Zusammenstellung der Speisen unverständlich bleiben. Gewiß, glücklicherweise sind nicht alle von organischen Störungen betroffen, denn es besteht die Möglichkeit, über das ursprüngliche Leiden hinauszuwachsen durch die Fähigkeit der Sublimierung oder durch die Errichtung von mehr oder weniger geglückten Abwehrsystemen, wie die Verschiebung, die Wahnvorstellungen, die Phobie, die Charakterstörungen – Formen, die auch in der täglichen Ernährungspraxis eingesetzt werden können.

Nahrungssymbole

Das Essen ist nicht nur notwendig für das Überleben des Menschen, sondern es erfüllt zugleich auch eine symbolische Funktion: Die Nahrung ist ein Kennzeichen der Zugehörigkeit zu einer bestimmten Religion, der Klasse, der Abstammung, ein Zeichen von Liebe oder Reichtum. Das Visuelle und das Begriffliche übernehmen oft die Aufgabe des Geschmacksempfindens, der Konsum bestimmter Nahrungsmittel ist zuweilen ein Statussymbol. Daher rührt das Paradoxon, daß in bestimmten festlichen Augenblicken der Geschmack manchmal nicht beteiligt ist: So geben Leute, die Champagner trinken, selbst zu, daß sie keinen besonderen Wohlgefallen an diesem Getränk finden, sie es aber trinken, um die Zugehörigkeit zu einer Gemeinschaft zu dokumentieren.

In Wirklichkeit wird diese ästhetische Fehleinschätzung und zugleich dieses kollektive Unbewußte von den Verbrauchermärkten, in denen diese Luxusprodukte zur Schau gestellt werden, stark in Anspruch genommen und nutzbringend verwendet: Nur ihre Bezeichnung ist von Bedeutung, nicht ihre qualitative Erlesenheit. Geschmack und Sinnlichkeit werden geschult: Man lernt essen, wie man malen oder musizieren lernt; der Geschmack läßt sich prägen, mitunter sogar nötigen. Dagegen beinhaltet Luxus gesellschaftlichen Status, Vergeltung oder gesellschaftliche Anerkennung, jedoch kein sinnliches Vergnügen, denn auf den Geschmack kommt es nicht so sehr an, der Begriff wird in einem gesellschaftlichen Kontext gekostet, in dem der Geschmack der Entfaltung des Ausdrucks dienlich ist: »Die sprechende Zunge tötet im Mund die schmeckende Zunge.«[2]

Verbraucher aller Länder, vereinigt euch, füllt eure Münder und schweigt, denn »schließlich hat es die Entwicklung der Werbung den Ökonomen erlaubt, ein deutliches Bewußtsein vom idealen Wesen der Konsumgüter zu gewinnen; jeder weiß heutzutage, daß das gekaufte (das heißt vom Verbraucher erlebte) Produkt keineswegs das reale Produkt ist; zwischen diesem und jenem findet eine beträchtliche Produktion falscher Wahrnehmungen und Werte statt (...). Selbstverständlich sind es nicht nur individuelle, anomische Vorurteile, die in diese Deformationen oder Rekonstruktionen eingehen, sondern die Elemente einer wahrhaft kollektiven Einbildungskraft, ja sogar bestimmte Grenzen des Denkvermögens.«[3] Die Wörter führen ein Eigenleben und werden von den Menschen besetzt. Der affektive Wert eines Wortes, obwohl er keinen bewußten Bezug zu dem hat, was jeder in seinen eigenen Gefühlen erlebt, verleiht dennoch dem Sinn einen Sinn und führt den menschlichen Diskurs in eine Aggressivität erzeugende Unzulänglichkeit ...[4] In Wirklichkeit »hat keine Kultur jemals den Grad an Askese erreicht, den uns heute unsere Konsumkultur, unser Gastmahl auferlegt. Die Sprache dominiert dort in dreifacher Weise: Die Verwaltung herrscht dank der performativen Komponente des Wortes; die Medien herrschen dank seiner Verführungskomponente; und die Wissenschaft dank seiner Wahrheitskomponente. *Verbum trismegisticum*, das dreimal größte Wort, erzeugt eine abstrakte herrschende Klasse, die trunken ist von Codes: juristisch, informatisch, streng, dreifach effizient und von daher Erzeugerin einer Welt«.[5]

Religiöse Szenen des täglichen Lebens

Der Benennung der Lust kann die Benennung des religiösen Verbotes und der mit seiner Nichtbeachtung verknüpften Phobien parallel zugeordnet werden. Die Nahrungszwänge der Bibel und des Korans liefern einige klinische Beweise für dieses Phänomen. Die Reaktionen eines Moslems oder eines praktizierenden Juden beim unfreiwilligen Verzehr von Schweinefleisch veranschaulichen auf paradigmatische Weise die psychosomatische Beziehung, die zwischen Wort und Körper hergestellt wird.

Dies soll an folgendem Beispiel verdeutlicht werden: Eine Volksschulkantine in Paris. Auf der Karte: Schweinebraten. Mohammed, neun Jahre alt, erst vor kurzem aus dem Iran eingewandert, läßt es sich bis zu dem Moment schmecken, in dem die Leiterin der Kantine feststellt, daß sie sich bei seinem Essen geirrt hat. Sie begeht nun einen zweiten Fehler, indem sie sich bei dem Kind entschuldigt. Mohammed übergibt sich den ganzen Nachmittag und muß nach Hause gebracht werden. Der Zusammenhang zwischen Benennung und Nahrungsaufnahme hat die Bewußtwerdung der Tabuverletzung bewirkt und eine Gehirnreaktion ausgelöst, die die Verdauungsmotorik ins Spiel brachte: So sind die Elemente einer moralischen Krise und einer organischen Störung zusammengekommen.

Infolge von mehr oder weniger freiwilliger Einwanderung in fremde Länder üben nämlich einige aufgrund des Verlustes vertrauter Bezugsmarkierungen ihre Religion nicht mehr buchstabengetreu aus. Diese eher unfreiwillige Nichtbefolgung wird um so mehr als bedrohliche Situation erlebt, als sie dem Individuum nicht bewußt ist; es verarbeitet sie also nicht und verschiebt sie systematisch auf Nahrungsphobien oder -obsessionen, die durch magisches Denken oder bestenfalls durch pseudowissenschaftliche Überlegungen gestützt werden. Jede Nahrungsverweigerung oder -phobie sollte darum auch im Kontext des kulturellen und religiösen Hintergrunds des Individuums betrachtet werden.

Szenen aus dem Hochschulleben

Zwei Experimente, die an einer amerikanischen Universität durchgeführt wurden, erhellen zweifellos diesen Fragenkomplex:

– In der Mensa wurde den Studenten ein Hacksteak serviert; nachdem sie mit dem Essen fertig waren, äußerte das verantwortliche Personal Zweifel über die Qualität dieses Gerichts. Die Studenten wurden daraufhin informiert, daß die Krankenstation die ganze Nacht geöffnet bleiben werde: In der Tat, viele begaben sich dorthin und wiesen typische Anzeichen einer Nahrungsmittelvergiftung auf. Um die Stichhaltigkeit des Experiments zu erhärten, muß man darauf hinweisen, daß die Qualität des Hacksteaks tadellos war.

– Um die Zusammenhänge zwischen Koffein und Schlaf zu untersuchen, wurden für das Experiment zwei Studentengruppen gestellt. Der ersten wurde kurz vor dem Schlafengehen Kaffee serviert, der zweiten heiße Milch. Die Studenten der ersten Gruppe hatten statistisch signifikante Schlafstörungen, während die anderen problemlos schliefen. Die Variable bei dem Experiment war die Entkoffeinisierung des Kaffees und die vorherige Koffeinisierung der Milch.

Orale Begierde und Leiden in der Literatur

In der Literatur gibt es genügend Belege dafür, daß die schlimmsten Haßgefühle innerhalb einer Familie sich bei Tisch um die guten Bissen anbahnen, mit denen die Mutter den Auserwählten bevorzugt, was derjenige, der benachteiligt wird, nicht ernst zu nehmen scheint, was er aber nie vergessen wird, vor allem wenn die psychische »Erhöhung«, die dieses Phantasma umgibt, derart ist, daß jede Mahlzeit für ihn zum Symbol der Zurückweisung wird. Die Nahrungsfrustration ist für Kinder eine schwere Kränkung, wie folgende Beschreibung zeigt: »Schon hungerten wir, schon froren wir, und wir schielten herum, ob die oder jene Schranktür nur angelehnt war, hinter der unsere Mutter Wäsche oder Lebensmittel knickrig verbarg. Und wir tobten, wenn unser Bruder aus China gerufen wurde: ›Komm her, Cropette! Du warst die letzten acht Tage anständig. Nimm dir das hier.‹ Gewöhnlich handelte es sich nur um einen alten Pfefferkuchen, denn das Ekel stürzte sich nicht in Unkosten. Doch dies ungeheure Vorrecht steigerte Cropettes Dünkel, hielt ihn in sanfter Abhängigkeit, machte ihn willig, zwischen Tür und Angel seine kleinen Petzereien auszusabbern.«[6]

Hervé Bazin unterstreicht in dieser Skizze die orale Komponente des Verlangens. Der orale Charakter, sagt Karl Abraham, ist fordernd; der trockene Pfefferkuchen ist hier nur eine Stütze, wie es ein Kleidungsstück oder irgendein Objekt sein könnte, aber er ist auch die besudelte Vorstellung des ursprünglichen Objekts, das zwar immer noch ein Nahrungs-, aber doch schon ein symbolisches Objekt ist.

Gegen den mütterlichen Haß ist kein Kampf möglich, das Kind wird auf den Rang eines Tieres herabgewürdigt, mit den Abfällen der Familie ernährt.

»›Für dich ist keine Melone mehr da‹, sagt Madame Lepic, ›außerdem bist du wie ich, du magst sie nicht.‹

›So ist's recht‹, sagt sich Poil de Carotte.

Man schreibt ihm demnach vor, was er zu mögen hat und was nicht. Im Prinzip braucht er nur das zu mögen, was seine Mutter mag. Wenn der Käse aufgetragen wird, sagt Madame Lepic:

›Ich bin ganz sicher, daß Poil de Carotte keinen ißt.‹

Und Poil de Carotte denkt:

›Da sie sich so sicher ist, brauche ich es gar nicht erst zu versuchen.‹

Zudem weiß er, daß es gefährlich ist.

Und hat er nicht Gelegenheit genug, seine sonderbarsten Launen an Orten zu befriedigen, die er allein kennt? Beim Nachtisch sagt Madame Lepic zu ihm:

›Bring diese Melonenschnitze deinen Kaninchen.‹

(…) Als er den Stall betritt, drängeln sich die Kaninchen um ihn.

›Oh, wartet doch‹, sagt Poil de Carotte, ›einen Augenblick bitte, laßt uns teilen.‹

(…) und er trinkt den Saft selbst: Er ist so süß wie Dessertwein.

Dann raspelt er mit den Zähnen ab, was seine Familie an zuckersüßem, gelbem Fruchtfleisch übriggelassen hat.«[7]

Das Paradoxe an dieser Situation zwischen Madame Lepic und Poil de Carotte besteht darin, daß die Mutter durch aggressiven Spott ihrem Sohn auferlegt, sich mit ihr zu identifizieren. Offiziell ist Poil de Carotte wie seine Mutter, liebt oder lehnt dieselben Nahrungsmittel ab; sein verdeckter Aufstand drückt sich durch Geschmacksunterschiede aus, die er sorgfältig zu verbergen sucht. Da er von der Melone ißt, die Madame Lepic nicht mag, weiß er ganz sicher, daß er nicht wie seine Mutter ist und es auch nicht sein wird. Etwas anderes einzuverleiben, bedeutet für ihn unbewußt, ein anderer zu sein.

Mütter können zwar ihren Kindern gegenüber schreckliche Haßgefühle hegen, Väter jedoch, die furchteinflößenden und zugleich bewundernswerten, können ihnen noch größeren emotionalen Schaden zufügen. Dies war beispielsweise bei Kafka der Fall. Er wollte unbedingt Kontakt mit seinem Vater bekommen und schrieb ihm eines Tages einen Brief, der seiner Mutter so brutal erschien, daß sie ihm riet, ihn nicht abzuschicken. Dieser Brief gehört zu den großen literarischen Zeugnissen der existentiellen Verfehlung und Schuld.

Franz Kafka beobachtete seinen Vater bei Tisch: »Weil Du entsprechend Deinem kräftigen Hunger und Deiner besonderen Vorliebe alles schnell, heiß und in großen Bissen gegessen hast, mußte sich das Kind beeilen, düstere Stille war bei Tisch, unterbrochen von Ermahnungen: ›zuerst iß, dann sprich‹ oder ›schneller, schneller‹ oder ›siehst Du, ich habe schon längst aufgegessen‹. Knochen durfte man nicht zerbeißen, Du ja. Essig durfte man nicht schlürfen, Du ja. Die Hauptsache war, daß man das Brot gerade schnitt; daß Du das aber mit einem von Sauce triefenden Messer tatest, war gleichgültig. Man mußte achtgeben, daß keine Speisereste auf den Boden fielen, unter Dir lagen schließlich die meisten.«[8]

Sein Vater unterdrückt und entsetzt ihn zugleich und veranschaulicht die Bedeutung der Oralität bei der Anziehung und Abstoßung. Die Kraft des Widerlichen besteht darin, eine Vorstellung der Einverleibung zu erzeugen: Das

Phantasma, das Schmutzige, das Abstoßende hinunterzuschlucken, ruft manchmal, vor allem bei Kindern, tatsächliche Übelkeit, ja sogar Brechreiz hervor. Kafkas vermeintliche Schuld bestand darin, nicht wie sein Vater zu sein, der wiederum Schuld hatte an der Schuld, die Franz bedrückte.

Orales Begehren und Leiden in der Psychoanalyse

Diese Feststellungen über die Bedeutung der Benennung des aufgenommenen Objekts gelten für das Normale sowie für das Krankhafte, für die Lust sowie für den Schmerz. Einige besonders empfindliche Menschen sind unbewußt sehr anfällig für diese antithetischen Facetten. Es handelt sich zumeist um Menschen, die auf Nahrungsmittel allergisch reagieren, die aus kulturellen oder aus familienspezifischen Gründen besonders belegt sind und mit ihrer Lebensgeschichte entscheidend zusammenhängen.

Isaac und die Schokolade

Isaac hat eine Vorliebe für Schokolade. Als er sechs Monate alt war, starb sein Vater; von seiner achtzehnjährigen Mutter, die alsbald wieder heiratete, wurde er dann zu seinem Großvater, selbst Vater von sechs Kindern, abgeschoben. Die einzige Kindheitserinnerung, die er hat, ist die, daß er immer Hunger hatte. Die von ihm namentlich benannten Zeugen bestreiten dies einmütig und bestätigen, daß Isaac in dieser wohlhabenden Familie sehr gut ernährt wurde. Unaufhörlich erleidet Isaac Schicksalsschläge und reagiert darauf mit psychosomatischen Erkrankungen. Das einzige, was ihn interessiert, begeistert, beruhigt, tröstet und stabilisiert, ist die Nahrung. Essen erschafft ihn bei jeder Mahlzeit neu, läßt ihn sein Leiden vergessen; Essen ist für ihn identisch mit Leben. Isaac hat eine ausgeprägte Vorliebe für Schokolade, die er aber nicht verträgt.

Sein Verhältnis zur Schokolade ist nach einem unveränderlichen Rhythmus kodifiziert und erfolgt in drei Zeitmaßen und drei Sätzen.

– Erstes Zeitmaß, erster Satz: die Begehrlichkeit. Isaac sucht wegen heftiger Kopfschmerzen, die er selbst mit dem Verspeisen der Schokolade in Verbindung bringt, den Arzt auf: Frustration und Lust sind eng miteinander verbunden. Dem Arzt verrät er, daß eine Kindheitserinnerung, die letztlich eine Überbesetzung ist, ihn nicht losläßt: Als Kind hatte man ihm immer ein Stück Schokolade versprochen, damit er zu weinen aufhörte, und damals hatte ihm ein Arzt erklärt, daß Schokolade ein wahres Gift sei. Diese Aussage wurde bald zu einem Familiendogma, und kein Kind aus dieser Familie vertrug mehr Schokolade.

Isaac beschreibt den Augenblick der Übertretung des Nahrungsverbots als einen Augenblick der Depression, der Leere, zuweilen aber als Zeichen der Euphorie, als gemeinsames Fest, und betont dabei, daß er selten im Alltag Schokolade konsumiert. Wenn er müde oder deprimiert ist, sich einsam fühlt oder glaubt, ein Versager zu sein, zieht er eine Art Bilanz, um den Mangel an den einfachsten Freuden des Lebens aufzuzeigen. Genau dann »kommt ihm« ein Stück Schokolade »in den Sinn«, das seinen Lebensmut verändert: Es ereignet sich eine Assimilation zwischen Mund/Geschmack und affektiver Tonalität des Lebens.[9] Dieses sinnliche Begehren läßt ihn dann nicht mehr los, beherrscht sein ganzes Denken, er regrediert zu einem oralen Stadium (dem er im Grunde noch nie entwachsen ist), nur die Vorstellung, seinen Mund mit dem verlorenen Objekt der Begierde, mit Schokolade, zu füllen, vermag ihn zu trösten.

Hier handelt es sich nicht um ein bulimisches Phantasma, denn der Bulimiker füllt ewig eine Leere, die er gern gefüllt haben würde, aber von der er weder Trost noch Lust erwartet. Nein, Isaac träumt davon, auf diese Weise ein volles Maß von Objektliebe hinunterzuschlucken, da das Nahrungsobjekt hier das Surrogat für alle Objektlieben darstellt, um die er sich gebracht fühlt.

– Zweites Zeitmaß, zweiter Satz: die Lust. Isaac hat sich das begehrte Objekt verschafft, von dem er gleichzeitig Trost und Lusterleben erwartet; allein sein Anblick befriedigt ihn und läßt auf eine große Lust schließen, die er auf spielerische Weise mit dem Glück assimiliert. Die Nahrungsmittelwerbung weiß dies zu nutzen und spielt mit dem *inneren Glücksgefühl*, denn das Glück ist zuerst ein *anfänglicher* Geschmack im Mund, der als Reaktion der physischen Umgebung Sinn gibt, denn wenn das nicht so wäre, warum würde man dann bei Festlichkeiten so viele Süßigkeiten essen?[10] In der Rolle des Ästheten, des Feinschmeckers steckt sich der Genießer die »Sache« in den Mund, kostet lange den Geschmack, das Aroma aus, vergleicht sie im Geiste mit anderen Speisen unter anderen Umständen; die Zeit steht still, Isaac ist hier vollkommen auf das Lusterleben in seinem Mund konzentriert.

Die Zeit bleibt jedoch leider nicht stehen, sie verrinnt, und kurz danach überläßt der Feinschmecker dem Vielfraß das Feld. Denn die Lust ist so groß, daß allein der Gedanke an ihr Ende ihn mit einer kindlichen Melancholie erfüllt: Es ist die Proustsche Madeleine, die auf den Flügeln eines allzu kurzen Traumes davonfliegt. Da er den ästhetischen Abstand verliert, verwandelt sich Isaac in eine Art Freßsack, um die geliebte Sache in sich hineinzustopfen, und je mehr die qualitative Lust zugunsten der quantitativen Lust abnimmt, um so mehr tritt eine andere Stimmungslage in Erscheinung, die von einem dritten Redetypus begleitet wird.

– Drittes Zeitmaß, dritter Satz: die Gewissensbisse. Isaac hat das, was sich zum Hinunterschlucken geboten hatte – und oft sogar noch viel mehr –, verschlungen. Zum dritten Mal hat die Nahrung den Ort gewechselt; von außen ist sie in den Mund gelangt, hat die Speiseröhre passiert und befindet sich jetzt im Magen.

Genau in diesem Moment setzt eine intersemiotische sprachliche Wiedergabe über das aufgenommene Objekt ein, das sich über einen pseudomedizinischen Diskurs von einem Lustobjekt zu einem Leidensobjekt verwandelt. Diese paradoxe Wiedergabe spielt sich in dem unmittelbaren, wenngleich abgestrittenen Übergang von einem epistemologischen Feld zu einem anderen ab; es besteht keine Beziehung des Aneinandergrenzens noch des Wissens zwischen den Bereichen der Lust und denen der Medizin, während sie zwischen Lust und Leiden einerseits sowie zwischen Unwissenheit und Wissen andererseits sehr wohl besteht. Der ursprüngliche Diskurs der Lust gehörte nicht in den Bereich des

Wissens, der Diskurs der Medizin ist in keiner Weise epikureisch. Isaac kümmert sich jedoch nicht um diese Art von Vorbehalt und weist jeden, der es hören will, darauf hin, daß die Schokolade, jetzt verabscheutes Objekt, Lezithin, Glukose, Konservierungsmittel und Kakao enthält, deren Wirkung auf den Magen, die Blase, die Leber, die Galle, eigentlich auf jeden Körperteil verhängnisvoll ist. In seiner Zusammenhanglosigkeit sucht der Diskurs nach Belegen und bedient sich aller Wissensquellen, und die Schokolade wird schließlich wieder zum schlechten Objekt, immer noch im Kontext der Überraschung über die sich wiederholende »Amnesie«, Ursache so großen Leidens. Seine Schuld verleiht ihm das Gefühl, die Wissenschaft voll im Griff zu haben, obwohl er sie zugleich haßt, aber er weiß »trotzdem«, er ist sicher, daß er weiß.

Dieses Wissen, das ihm offensichtlich einige Augenblicke zuvor fehlte, hat jetzt von seinem gesamten Bewußtseinsbereich Besitz ergriffen: Es gibt nur noch wissenschaftliches Bedauern, den durch die Schwäche seiner Tugend schmerzlich berührten Intellekt, und die Eßlust nimmt wieder die Stelle ein, die sie nie für ihn verloren hat: die der Hauptsünde. Als Reaktion schämt er sich vor sich selbst, und sein moralisierender Diskurs gibt zu erkennen, wie stark die negative Konnotation des betreffenden Nahrungsmittels im Familienkreis war. Bestimmte Formen oraler Lust sind in einigen Familien tabu; der Verstoß gegen das Gesetz bedeutet, die unausweichliche Bestrafung zu akzeptieren.

Essen bedeutet, einen Teil der Welt in den eigenen Körper aufnehmen und ihn sich zu eigen machen. Das Gesetz übertreten, heißt, die Verwandlung des eigenen Körpers ohne elterliche Zustimmung zu billigen. Der Mund ist ein eigenständiges Organ, aber der Durchgang durch den Magen, Schnittstelle der körperlichen Assimilation, bestätigt die mögliche Verwandlung des Körpers in einem von den Eltern nicht erwünschten Sinn. Die Schokolade akzeptieren, bedeutet für Isaac soviel wie daß ein der Familie fremder Diskurs ein Gesetz schafft, das das väterliche Gesetz unwirksam macht. Das Essen einer von der Familie verbotenen Nahrung kann mit dem Verlust der Muttersprache und der Assimilation des Fremden verglichen werden. Vor diesem Hintergrund verteidigt sich Isaac nicht mehr, er leidet unter seiner Verfehlung, er ist ein Verräter.

Der Übergang von außen ins Innere durch den Mund als Durchgangsstelle kann ein an sich gutes Nahrungsmittel in ein schlechtes inneres Objekt verwandeln, das die Integrität des Subjekts angreift. Aus diesem Grund bildet die orale Lust in bestimmten Fällen die Grundlage für psychosomatische Störungen, denn der Konflikt mit den familiären Gepflogenheiten entsteht direkt im Inneren des Mundes.

Dritter Teil
Die A-Gastronomie

Dionysos:
Kannibalismus und Nahrungsinzest

> *Ein kräftiges und wohlgenährtes kleines Kind im Alter*
> *von einem Jahr ist eine köstliche, sehr nahrhafte und ge-*
> *sunde Speise – ob gekocht, gegrillt, geschmort oder ge-*
> *braten, und ich zweifle nicht daran, daß man es auch als*
> *Frikassee oder Ragout zubereiten kann.*
>
> Jonathan Swift
> *(Bescheidener Vorschlag, um zu verhindern, daß die Kin-*
> *der der Armen in Irland ihren Eltern oder ihrem Land zur*
> *Last fallen, und um sie zum Wohl der Allgemeinheit zu*
> *verwenden.)*

Wenn die Nahrungsaufnahme eine Handlung darstellt, die auf bewußten und unbewußten Gesetzen basiert, und wenn es in diesem Bereich Verbote gibt, dann kommt es gleichsam zwangsläufig zu Übertretungen, die nicht nur der Konstituierung der ins Negativ eingeschriebenen Subjekte, sondern auch dem archaischen Charakter jedes Begehrens zugrunde liegen.

Das Verbot des Kannibalismus, dessen Essen vom selben oder vom anderen, der mir ähnlich ist, bildet den Sockel, den Eckstein, das Fundament sämtlicher Ernährungsverbote, und es ist so grundlegend, daß es meistens als eine selbstverständliche strukturale Gegebenheit (Lévi-Strauss) ohne weitere Erklärung übergangen wird. Doch ist die psychische Wirklichkeit der Beziehung des abendländischen Menschen zum Kannibalismus noch etwas anderes, denn sie verbindet das Symbolische und das Imaginäre in einer oftmals lustvollen und abwehrend humoristischen, ja sogar offen komischen Atmosphäre; das kannibalische Lachen existiert bereits im Kindesalter und ist noch beim Erwachsenen anzutreffen. Die kannibalische

Eßphantasie erheitert, ruft unbändiges Gelächter hervor, gibt Anlaß zu humoristischen Zeichnungen[1] und zu Späßen, die sich ums Essen drehen und die eine unbewußt skatologische Bedeutung besitzen. Schon die bloße Vorstellung, unsere Mitmenschen zu verzehren, versetzt uns zurück auf die analerotische Stufe der Libidoentwicklung. Dieses laute und leicht anzügliche Lachen ist nun jedoch aufgrund einer sonderbaren Verdrängung kein integraler Bestandteil einer Theorie des Kannibalismus. Betrachten wir den einzigen offiziellen Fall von Kannibalismus aus existentieller Not, der sich in jüngster Vergangenheit in der westlichen Welt zugetragen hat: Die uruguayischen Rugbyspieler, deren Flugzeug in den Anden abstürzte und die ihre toten Kameraden verzehren mußten, um zu überleben, erkannten unwillkürlich die Gesetze des Kannibalismus an, da »die Passagiere eine Übereinkunft getroffen hatten, dergemäß keiner von ihnen ein Mitglied seiner Familie verzehren durfte (auch wurden keine Frauenleichen gegessen) [Read, 1974]«[2]. Weshalb soll man nicht zugeben, daß diese furchtbare Begebenheit, über die auf der Titelseite sämtlicher Tageszeitungen berichtet wurde, sekundär auch einen befreienden Ausbruch von Humor hervorrief, insofern jeder von uns den Vorfall einfach für nichtig erklärte und in ein Märchen verwandelte? Nach dem Motto: Es waren einmal arme Sportler, deren Flugzeug auf dem Rückflug in ihre Heimat über einem schneebedeckten Gebirge abstürzte. Und sie fraßen sich gegenseitig auf, um am Leben zu bleiben … Also ich selbst mag kein Hirn …

In diesem Kontext stellt der Kannibalismus somit eine verleugnete Tatsache dar, deren triebstimulierende Wirkung wir durch die Wendung ins Komische abzuwehren suchen. Liefert uns im übrigen die psychoanalytische

Theorie, die einen Unterschied macht zwischen der Einverleibung, die einem Phantasma (Trugbild) entspricht, und der Introjektion, die einen Vorgang darstellt, nicht den Beweis dafür?[3] Wenn die Einverleibung ein Phantasma ist, dann ist der Kannibalismus ein wirkungsvolles Phantasma (fantasme agi)[4]; was seine Abwehr durch Verleugnung erklärt. Aus diesen Gründen bezeichnete der Begriff »Einverleibung« in diesem Text bislang schlicht die Tatsache der Aufnahme erlaubter, »gesetzmäßiger« Nahrungsmittel ins Körperinnere und deren anschließende Umwandlung in körpereigene Substanz. Für die Psychoanalyse hingegen besitzt die kannibalische Einverleibung den Status eines Phantasmas, ja sogar eines Phantasmas, das der Melancholie zugrunde liegt. Aufgrund dieser theoretischen Bestimmung kommt es ungewollt zu einer Leugnung des rituellen Kannibalismus, der gleichwohl existiert.

Der rituelle Kannibalismus

Noch ist es nicht allzu lange her, daß Eltern in fernen Ländern ihre Kinder wirklich verzehrten; und doch möchte man dies heute ins Reich der Märchen verweisen. Daher müssen wir festhalten, daß »kannibalische Handlungen und Phantasien von Erwachsenen gegenüber Kindern allgemein ignoriert wurden, während die orale Aggressivität und die anthropophagen Triebe des Kindes eine nachhaltige Beachtung fanden.«[5] Dieser Befund, der eine Fülle von Deutungen für diese allgemeine Verdrängung erlaubt, wird durch die Ethnologie bestätigt. Der Westen verhält sich so, als ob seine Idealvorstellung über die Mutter-Kind-Beziehung, der selbstverständlich wie jedem Ideal eine Funktion der Kaschierung der psychischen Wirklichkeit zukommt, universelle Gültigkeit für die ganze Menschheit besäße, wodurch er seine eigenen Wertvorstellungen verabsolutiert. Diese Verdrängung, die sich die reichen Länder leisten und die ein bedenkliches Überbleibsel des Kolonialismus darstellt, bezieht sich auf die Gesamtheit der Verhaltensweisen in den armen Ländern, die mißbilligend als normabweichend verurteilt werden. Aufgrund dieser allgemeinen Verdrängung und infolge eines unvermeidlichen Paradoxons kann der elterliche Kannibalismus im Rahmen eines kodifizierten Systems des Sadismus nur als äußerste Aggression gegenüber dem Kind wahrgenommen werden; er wird folglich gleichgesetzt mit Schlägen, Verstümmelungen und anderen körperlichen Strafen.

Dementsprechend gibt es eine Stufenfolge. Erste Stufe: Die »bösen« südamerikanischen Eltern setzen ihre Kinder auf der Straße aus; zweite Stufe: Die Thailänder zwingen ihre Kinder zur Prostitution (für die reichen Staaten, die eben …); dritte Stufe: Die Inder verstümmeln ihre Kinder, um sie als »Bettelwerkzeuge« zu verwenden (die man auf die reichen Touristen ansetzt, die eben …); vierte Stufe: Die australischen Aborigines verzehren ihre Kinder.

Im Westen erblickt man darin eine Steigerung des Grauens, die parallel läuft zu seiner Nichtanerkennung der Verschiedenartigkeit der Sitten und die zwangsläufig zu dem abwehrenden Lächeln führt, das mit der Leugnung der Differenz einhergeht. Der Kannibalismus ist das Unbegreifliche, und es gibt keine ethnologische Erklärung dieses Phänomens, die nicht entweder spöttisch oder mißbilligend wäre. Der »mütterliche Instinkt« ist die ureigene Domäne des Westens, und die Verdrängung des Hasses ist in diesem Zusammenhang ein grundlegendes Merkmal sowohl des individuellen als auch des kollektiven Unbewußten; der Haß, der im Mund seinen Ursprung hat, muß, um die Schranke der Zensur zu überwinden, fremdländische Anknüpfungspunkte suchen, um sie, zum Zweck der Abwehr eigener Regungen, als fremd verwerfen zu können.

Das erste klassische Beispiel sind die Frauen Zentralaustraliens, die als sehr zärtliche und fürsorgliche Mütter beschrieben werden, die ihre Kinder erst spät entwöhnen und lange Zeit stillen. Dennoch ist erwiesen, daß sie ihre Kinder in Dürreperioden verzehren – wenn auch der Sitte gemäß nur jedes zweite. Die Aborigines rechtfertigen dies damit, daß »die Kinder mager sind und ihre Mütter Hunger haben«. Genaugenommen gibt es in Australien zwei Formen der Technophagie: eine nicht-rituelle und eine, die darin besteht, jedes zweite Kind zu verzehren, um neue Kraft zu gewinnen und das Wachstum der Überlebenden zu fördern. Außerdem zwingen die Aborigines die schwangeren Frauen zur Abtreibung, um die Föten zu verzehren, weil sie »Hunger auf Fleisch« haben. So werden vielfältige Formen der Kindestötung, die alle zum Verzehr des Opfers führen, in einer der Ernährung selbst innewohnenden ökonomischen Logik beschrieben, die für uns unverständlich ist.

Vor der Inka-Herrschaft pflegte man in Peru die Kinder, die mit weiblichen Kriegsgefangenen gezeugt worden waren, bis zum zwölften oder dreizehnten Lebensjahr aufzuziehen, um sie dann zu verzehren. Dabei handelte es sich offenkundig um eine Methode, die Fähigkeiten der feindlichen Gruppe zu introjizieren.

In Europa wurden sowohl während der schweren Hungersnöte im Mittelalter als auch im nachrevolutionären Rußland ebenfalls derartige Phänomene beobachtet.[6]

Gegenüber diesen Tatsachen nehmen wir zwei verschiedene Haltungen ein. Zum einen lehnen wir aufgrund unserer westlichen Unfähigkeit, uns ein solches Lebenssystem vorzustellen, die Situation kategorisch ab, denn unsere ideologische Norm besteht in einer Idealisierung des Individuums. In kultureller Hinsicht liegt der Begriff des Individuums bzw. der Individualität unserem Verständnis der Psyche zugrunde. Daher schreibt uns die Welt des Kannibalismus erneut in zwei Positionen ein, zwischen denen wir uns unentwegt bewegen: Entweder identifizieren wir uns passiv-masochistisch mit dem Verzehrten oder aktiv-sadistisch mit dem Verzehrenden. Die Vorstellung, daß das Individuum nur Teil einer Gruppe ist und als solches Gesetzen unterliegt, die sein persönliches Geschick übersteigen (außer in Sonderfällen, wie etwa einem Krieg), ist uns psychisch völlig fremd; das Ich ist individuell, während das Gruppen-Ich in unseren Augen eine künstliche und definitionsgemäß vorübergehende Erscheinung darstellt. Eine auf dem kollektiven Ich basierende Psychologie ist uns fremd.[7] Die Logik eines Gruppen-Ichs, das über das individuelle Ich hinausreicht, wie etwa die der Kamikaze-piloten oder gewisser terroristischer Vereinigungen, erscheint uns daher als pathologisch.

Die zweite Haltung besteht in einer Leugnung, die das Ganze auf einen Kannibalismus aus existentieller Not reduziert. Diese Auffassung wird von den Ethnologen jedoch nachdrücklich zurückgewiesen.[8] So beteuert insbesondere Pouillon: »Ein Kannibale wird nur in einer Gesellschaft von Kannibalen verzehrt, das bedeutet, daß der Kannibalismus praktisch immer eine Institution, niemals aber die Übertretung eines Verbots darstellt (der Kannibalismus aus existentieller Not beweist gar nichts).«[9] Muß man mit Volhard, der sich ebenfalls mit dieser Frage befaßt hat, hinzufügen: »Das Motiv liegt in dem ausgeprägten Appetit auf diese besondere Art von ›Fleisch‹, und dieser

Appetit stellt fast schon eine Gaumenlust dar, die sich nicht nur auf die Nahrungsmittel bezieht, die als besonders schmackhaft betrachtet werden«?[10] Der Kannibalismus wäre folglich die Krönung der Fleischeslust, und das Verzehren des eigenen Kindes durch die Mutter der Gipfel des Eßgenusses durch eine »aufgeschobene Selbstverzehrung« (nach der Geburt ist das Kind kein integraler Bestandteil des mütterlichen Ichs mehr).

Diese Handlungen mit ihrem hyperrealen Charakter stehen in scharfem Gegensatz zu dem banalen Thema, zu dem der Kindesverzehr in den Märchen aller Völker gemacht wird und das sich auf die folgende Formel bringen läßt: »Wie gut kleine Kinder schmecken!« bzw. expliziter: »Wie gut die eigenen kleinen Kinder schmecken!« Psychoanalytisch gesehen lassen sich diese Verhaltensweisen der Aborigines und anderer Stämme als Glaube an eine orale Schwangerschaft deuten, denn eine Mutter, die ihr Kind verzehrt, möchte eine verlorene Einheit wiederfinden, indem sie erneut mit ihrem Kind verschmilzt und es wieder in ihren Bauch zurücknimmt. Indem die Mutter sich ihr Kind auf diese archaische Weise wiedereinverleibt, verwandelt sie es überdies in ein parthenogenetisch gezeugtes Kind, das keinen Vater hat.

Im Zustand der Trauer kann es zu einer Identifizierung mit dem verlorenen Objekt kommen.[11] Wodurch wird die Trauer über das Kind, das die Frau ausgetragen hat, reaktiviert und, vor allem, was bedeutet diese Wiedereinverleibung? Handelt es sich um eine Verleugnung oder um einen Haß auf die eigenen Nachkommen, also um die Kehrseite der ursprünglich grenzenlosen Selbstliebe, die keinerlei Teilung duldet? In solchen Akten könnte das Wirken der narzißtischen Libido, die »die Teile der lebenden Substanz zueinanderzudrängen und zusammenzuhalten sucht«[12], zum Vorschein kommen.

Der dionysische Kannibalismus

Der Sage nach ging Dionysos aus der Verbindung zwischen einem Unsterblichen – Zeus – und einer Sterblichen – Semele – hervor.[13]

Der Halbgott wurde zum Gott der Besessenheit und feierte mit seinen Ammen orgiastische Feste; diese Ammen, denen die Titanen zur Seite stehen, stillen, zerreißen und zerstückeln ihre Kinder und wilde Tiere, aber auch den Dionysos, der jedoch immer wieder aufersteht. Zerstückelung, Kannibalismus und Wiedergeburt kennzeichnen eine Symbolik der Natur, die selbstschöpferisch und selbstzerstörerisch zugleich ist. Die Mütter »töten und zerreißen im Zustand roher Animalität ihre eigenen Kinder. Folglich treibt das Kind, das gestillt wird, seine Mutter und sich selbst in eine Art Raserei, in einen ›Brust-Wahn‹, in die wechselseitige Tötung. Die kannibalische Übertretung hingegen ist den Titanen, den Männern, der väterlichen Funktion (...) vorbehalten. Die verschlungene-verschlingende Brust gehört nicht zum Kannibalismus; man verzehrt nur den Vater bzw. man wird nur vom Vater ›verzehrt‹. Aber der ›Brust-Wahn‹ führt zu Zerstückelung und zu dem Wahn, alles Wilde stillen zu wollen. (...) *Die Animalität der Mutter-Kind-Beziehung muß man sich nicht als eine biologische, sondern als eine metabiologische Tatsache vorstellen. (...) Es ist die mythische Rekonstruktion dessen, was vom biologischen Menschen nicht gedacht werden kann!*«[14]

Der Wahn der verschlungenen-verschlingenden Brust, das Gemisch von Milch und Fleisch, das kannibalische, dionysische Mahl der Bacchantinnen und der Titanen veranschaulichen den oralen Mythos (oder den oralen Trieb?) in seiner sich jeder Beschreibung entziehenden Maßlosigkeit. Denn die eigentliche Basis des Oraltriebs hat etwas mit Maßlosigkeit, mit einem Exzeß zu tun, dem Phantasien des Verschlingens zugrunde liegen, die dem Bewußtsein nicht zugänglich sind. Die von Melanie Klein rekonstruierte Erlebniswelt ist eigentlich nur als Modus einer intellektuellen Abwehr verständlich; ohne sie versinkt die Psyche des Individuums in dem Wahn einer tödlichen Verschmelzung.

Die uns vertrautere hellenische Welt verdrängte den Kannibalismus, indem sie ihn als barbarisch verdammte, als etwas, das für einen gebildeten Menschen unbegreiflich ist. Dennoch war der Kannibalismus präsent, wenn auch dank einer Verschiebung in verschleierter Form, denn man tötete kein Kind mehr, sondern ein wildes Tier, wie es bereits in der Bibel bei der Opferung des Isaak geschah. In der griechischen Tragödie kommt hinter der Verleugnung, hinter den edlen Gründen und tragischen Leiden, eine Phantasie der Homophagie zum Vorschein, die jedoch durch die leichter dem Bewußtsein zugängliche Beziehung Jagd-Opferung ersetzt wurde: »Sehr häufig, zum Beispiel in dem Iphigenie-Mythos, erscheint die Opferung eines gejagten Tieres als Ersatzhandlung für ein Menschenopfer, wobei die Bestialität des Opfers in gewisser Weise die Bestialität des Aktes ersetzt. Dennoch gibt es zwischen diesen gegensätzlichen Bereichen sich überlappende Zonen, die sich gerade die Tragödie zunutze macht. So geben uns die *Bacchantinnen* des Euripides eine ergreifende Beschreibung der dionysischen Homophagie (Zerstückelung von rohem Fleisch), eines Aktes, in dem Jagd und Opferung miteinander verschmelzen.«[15]

Insofern man den Mythos als Projektion einer kollektiven Verdrängung betrachten kann, ist diese Beschreibung der Homophagie die tragische Darstellung der oralen Komponente des Hasses.

Die dritte und letzte Form der Repräsentation des dionysischen Kannibalismus, die außerhalb eines mythologischen Kontextes und innerhalb unserer jüdisch-christlichen Kultur angesiedelt ist, besteht in der Beschreibung der Hingabe an den eucharistischen Ritus. Wie viele Berichte über Priester gibt es, die – von Vampir-Phantasien getrieben – sich am Meßwein delektieren; wollüstige Priester, von deren Lippen das Blut Christi herabtropft![16] Wie viele eingestandene Begierden nach den »Wonnen des Verzehrs des Leibes Christi – diese köstliche Wange, dieser leckere Arm – ich erspare ihnen den folgenden Gang, bei dem die spirituelle Begierde verweilt, wodurch sie uns das enthüllt, was selbst noch in den sublimsten Formen der oralen Identifizierung enthalten ist.«[17]

Bis jetzt ist der dionysische Kannibalismus lediglich eine phantasmatische Projektion, die der Kochkunst diametral entgegengesetzt ist und die die Eßlust durch die Gier des Verschlingens ersetzt; an den Grenzen zum Unbenennbaren ist der Mund nur noch eine Kaumaschine, ein Zerkleinerungswerkzeug, das außerhalb der sprachlichen Kommunikation steht. Alles nur ein Mythos, denken wir, um uns zu beruhigen, der vielleicht die Grenzen des unbeschreiblichen oralen Triebes aufzeigt. Wie aber steht es dann mit der folgenden Episode aus dem Gulag zur Zeit Stalins? »In einer Zelle zum Beispiel taten sich die Häftlinge zusammen: sie trieben Klingen auf und sammelten

98

mehrere Tage hindurch Papier. Als alles bereit war, schnitt sich jeder ein Stück Fleisch ab – der eine vom Bauch, der andere vom Bein. Das Blut aller sammelten sie in einer Schüssel, legten das Fleisch hinein, schichteten einen kleinen Scheiterhaufen aus Papier und Büchern auf und begannen, ihren Braten zu dünsten und zu kochen. Als die Aufseher den Vorfall bemerkten und in die Zelle stürzten, war das Essen zwar noch nicht gar, die Häftlinge aber beeilten und verbrannten sich, jeder ergriff aus der Schüssel ein Stück und schlang es heiß hinunter. Auch die Aufseher sagten danach, das sei ein entsetzliches Schauspiel gewesen.«[18]

Sollte es sich, angefangen bei der Aborigines-Frau, die ihre Kinder verschlingt, bis hin zum Autokannibalismus aus purer Selbsterhaltung, um das Wiederaufleben eines Goldenen Zeitalters handeln, in dem Esser und Gegessene dieselben Individuen waren? Eine scheinbar seltsame Frage, die sich jedoch als begründet erweist, wenn man sich auf den Mythos rückbesinnt: Der Herrscher des Goldenen Zeitalters war Kronos, der seinen Vater Uranus entmannte, um seiner Mutter Gaia allzu viele Schwangerschaften zu ersparen. Nicht zufrieden mit dieser Heldentat, verschlang er, selbst Vater geworden, seine eigenen Kinder, da ihm prophezeit worden war, eines davon werde ihn vom Thron stürzen. Seine kluge Frau beschützte jedoch ihr jüngstes Kind, indem sie Kronos an seiner Statt einen in Windeln gewickelten Stein reichte, den dieser verschlang. Zeus – denn um ihn handelte es sich – blieb dank dieser List am Leben und zwang seinen Vater, all seine Geschwister wieder auszuwürgen. Worauf diese ihrem Erzeuger den Krieg erklärten. Nach der orphischen Überlieferung söhnte sich Kronos mit Zeus aus, und das Goldene Zeitalter brach an, denn Kronos, der seinen Vater entmannt und seine eigenen Kinder verschlungen hatte, galt als ein guter König. Unter seiner Herrschaft lebten die Menschen wie die Götter, ohne Sorgen, ohne Not und ohne Mühsal; sie ernährten sich vegetarisch (!), und der Tod war ein sanftes Entschlafen.

Ein mythischer Herrscher, der trotz des Verschlingens der eigenen Nachkommen zum »guten« König des Goldenen Zeitalters erklärt wird; die Aborigines-Mütter, die jedes zweite Kind aus Liebe zum Leben (und warum nicht auch zum anderen?) verzehren; der »Genuß« des Autokannibalismus: Mit kannibalischen Phantasien ist nicht nur – als Abwehrreaktion – eine heftige Angst verbunden, sondern auch eine Phantasie höchsten Lusterlebens; dies sind die Grenzen des oralen Triebs, die unaussprechlich sind und sich vielleicht durch eine Bild-Welt darstellen lassen, die von den Primärvorgängen beherrscht wird.[19] Dieses unsagbare Ur-Chaos, diese Finsternis der Triebe bestimmt die Beziehungen der Einverleibung und der Entäußerung zwischen dem Menschen und der Außenwelt, zwischen Essern und Gegessenen, wobei alles Fleisch auf beseligende Weise miteinander verschmilzt.

Der Nahrungsinzest

Deine eigene Mutter
Deine eigene Schwester
Deine eigenen Schweine
Deine eigenen Yamswurzeln, die du aufgestapelt hast
Du darfst sie nicht essen
Die Mutter der anderen
Die Schwester der anderen
Die Yamswurzeln, die die anderen aufgestapelt haben
Sie darfst du essen.[20]

Nahrung, Sexualität und Kannibalismus sind in ein System von Entsprechungen eingeordnet: In afrikanischen Märchen »macht es offenbar keinen Unterschied, ob der Menschenfresser das junge Mädchen, das er heiratet, verzehrt, oder ob es in sein Haus einzieht und ihm gar Kinder gebiert: essen = heiraten«.

»Die Verschlingung der Schwiegermutter ereignet sich als unerwartete Folge der Heirat des Menschenfressers mit einem jungen Mädchen dann, wenn die Schwiegermutter sich nicht an die Regeln hält, die in den meisten afrikanischen Gesellschaften ihre Beziehung zum Schwiegersohn sehr streng reglementieren; wenn sie es wagt, ihre Tochter im Haus ihres Ehemanns zu besuchen und von seinen Speisen zu essen, oder wenn sie das Geheimnis seiner Menschenfresser-Natur entdeckt, was aufgrund der zuvor festgelegten Entsprechungen darauf hinausläuft, daß sie ihm sexuelle Avancen macht.

In manchen Texten wird über inzestuöse sexuelle Beziehungen zwischen Schwiegersohn und Schwiegermutter berichtet. Andere machen die Nahrung verantwortlich: Hier ist es die Schwiegermutter, die von einer maßlosen Gier nach der Nahrung, die für ihren Schwiegersohn bestimmt ist, besessen ist; sie führt den Tod des Schwiegersohns und das Ende der Ehe herbei; aus Rache wirft die Tochter ihre Mutter den Jägern zum Fraß vor.«[21] Während das Verzehren der für den Schwiegersohn bestimmten Speisen auf eine ödipale Inversion bei der Schwiegermutter hinweist, akzentuiert das Thema der Verschlingung durch die Mutter die Mutter-Sohn-Beziehung. Dieses Thema lädt zu einer naheliegenden Deutung ein: »Die Mutter-Menschenfresserin ist die Mutter in sämtlichen Bedeutungen des Wortes, sei es, daß sie ihren Sohn sexuell ›auffrißt‹ – dann handelt es sich um eine imaginäre Inzest-Phantasie, wobei die Verantwortung der Mutter hervorgehoben wird –, sei es, daß sie ihren Sohn im affektiven Sinne ›auffrißt‹, indem sie ihn allzusehr liebt und ihn wieder an die Brust nimmt, was die sicherste Methode ist, um ihn daran zu hindern, sich von ihr zu lösen, indem er erwachsen wird und sich verheiratet.«[22]

Die Ethnologie, die Anthropologie, die Märchen und sogar die Psychopathologie weisen auf dieselben Typen von Entsprechungen hin:

– essen = gegessen werden; doppelte Triebumkehr: Verkehrung des Triebes in sein Gegenteil (essen, gegessen werden) und Umwandlung von Aktivität in Passivität;

– essen = heiraten; homologes Bündnis, sich das Fremde assimilieren;

– essen = sexuelle Beziehungen unterhalten (erinnern wir uns an die Sensationsmeldung von dem jungen Japaner, der seine Gefährtin verzehrte);

– seine eigenen Kinder essen = Fähigkeit zu weiteren Schwangerschaften; dasselbe im Mund erzeugt dasselbe im Bauch;

– ein Kind ernähren = es aufessen (der Menschenfresser in dem Märchen *Der kleine Däumling* nährt seine Töchter, um sie anschließend »versehentlich« zu verzehren).

Diese Entsprechung von Nahrungsverbot und sexuellem Verbot wird auch in der griechischen Tragödie symbolisch dargestellt:

»Aigisthos ist ebenfalls der geopferte Opferer, und diese Jagd-Opferung wiederholt ihrerseits den ursprünglichen Tötungsakt, der die entsetzliche Form eines Menschenopfers annahm (der Vater verschlingt die Eingeweide seiner Kinder), das von einem Schwur und von etwas Schlimmerem als einem Menschenopfer begleitet wird, da ein Mitglied der eigenen Familie verzehrt wird und die Opferung ein Ergebnis des häuslichen Kannibalismus ist. Das Rohe und das Gekochte (die Kinder des Thyestes werden gebraten), Jagd und Opferung, treffen sich genau an dem Punkt, wo der Mensch nur noch ein Tier ist. Der familiäre Kannibalismus ist im Grunde gleichbedeutend mit dem Inzest.«[23] Der Kannibalismus verweist auf den Inzest, und der Verstoß gegen die beiden grundlegenden Verbote erzeugt eine sakrale Unordnung, aus der eine Welt des Chaos hervorgeht: Alles ist mit allem äquivalent, alles verliert seinen Sinn und alles kann geschehen. Die Zivilisation büßt ihre Rolle als tragendes Fundament ein: Die Kultur verschwindet, und die wilde Natur tritt aufs neue hervor.

Das kalte Begehren: Die Geschichte des Wahnsinns in der Neuzeit

Laßt euch endlich gesagt sein, ihr Völker, daß euch die Natur vor der Wissenschaft bewahren wollte, wie eine Mutter eine gefährliche Waffe aus den Händen ihres Kindes reißt.

Jean-Jacques Rousseau
Diskurs über die Wissenschaften und Künste (1750)

Kannibalismus und Nahrungsinzest schreiben sich in den Mythos und das Phantasma des Begehrens ein; dies erklärt, weshalb infolge der Abwehr dieser Urängste lange Zeit ein mehr oder minder bewußter Konsens über den besonderen Wert einer »natürlichen« Ernährung existierte, auch wenn diese sich manchmal hinter einer beträchtlichen Verfeinerung verbarg.

Gewiß, der Mythos des guten Wilden mitsamt seinen traditionellen Konnotationen Natur-Kultur hat sich abgenutzt. Gewiß, die Rousseausche Auffassung über den Verlust der ursprünglich guten menschlichen Natur durch einen unumkehrbaren und zugleich verderblichen Fortschritt trägt die Last von 240 Jahren. Rousseau war der Ansicht, daß der Fortschritt der Künste zwangsläufig mit dem Verfall der Sitten einhergehe.[1] Und schon Voltaire, Diderot und andere Enzyklopädisten machten sich über sein nostalgisches Festhalten an der Vergangenheit lustig ...

Lassen wir also die Nostalgie sein! Unsere Zivilisation ist die des »NIEO: des nicht-identifizierten eßbaren Objekts, über dessen Vergangenheit und Herkunft wir nichts wissen«[2]. Die Entstehung der Nahrungsmittelindustrie in der zweiten Hälfte des 20. Jahrhunderts hat eine radikale

Umgestaltung der traditionellen Ernährungssysteme bewirkt: Das industriell Gefertigte ist an die Stelle des Natürlichen getreten, das Unsichtbare an die Stelle des Sichtbaren, das Exportierte an die Stelle des autarken Ökosystems; die Nahrungsmittelerzeugung geht nicht mehr vom Vorhandenen, Banalen und Vertrauten aus, sondern basiert auf unbekannten wissenschaftlichen Erkenntnissen und Begriffen. Unverständnis und Angst beherrschen die Handlungen unseres Alltagslebens auf allen Ebenen und in jeder Beziehung: Wir benutzen Fernsehgeräte, Autos, Telefone, Computer, Mikrowellenherde, ohne auch nur im geringsten ihre Funktionsweise zu verstehen. Dies ist eine normative Entfremdung von den Maschinen, die unentbehrliche Werkzeuge unserer Daseinssicherung darstellen.

Dennoch erzeugt dieser unumkehrbare und zwangsläufige Fortschritt eine Angst um den eigenen Körper, der zum Objekt der Fürsorge und beängstigender Behandlungen wird: Wir nehmen Spurenelemente zu uns und unterziehen uns Ultraschalluntersuchungen. Das alles sind Akte, die uns auf der Ebene des Bewußtseins durchaus einleuchten und deren unbewußtes Echo in unserem Wohlbefinden hohl klingt, aber bei der geringsten Gefahr tödlich widerhallt. Was ist im Grunde ein Spurenelement? »Wird die Deutung der Ultraschallaufnahme meinen Tod besiegeln?« fragt sich der Analphabet seines eigenen Körpers.

»Der Herr kontrolliert den Schalter, den Engpaß, den schmalen Durchgang, wo die Möglichkeiten ihren Daseinsanspruch anmelden.«[3] Der Natur Zügel anlegen, ja besser noch: sie unterwerfen, das ist das oberste Anliegen, das bewußte Ziel der Nahrungsmittelindustrie. Die Gesamtheit der Möglichkeiten soweit wie möglich ausschöpfen: Zeit und Zeitlichkeit aufheben, die Antinatur zur Norm machen, völlig mit den Kreisläufen, den Jahreszeiten, der Dauer brechen – das sind die Ziele und Zwecke sämtlicher Technologien. Doch gleich, ob es zu Unwettern oder Trockenheit, zu Überschwemmungen oder Dürren kommt, werden Tränen und Wut immer von nörgelnden Forderungen begleitet: Die Natur ist es sich schuldig, den Menschen zu bemuttern, indem sie sich instrumentalisieren läßt und sich gleichzeitig damit abfindet, zum Objekt einer radikalen Abkehr zu werden. Die Nahrungsmittel werden zu industriell erzeugten Objekten, die vage den natürlichen Objekten gleichen und in die Kategorie des »Als ob« fallen. »Als ob« wir es mit Erdbeeren oder Himbeeren zu tun hätten (die Bezeichnung auf dem Etikett dient dazu, die Suche nach der Identität des Objekts zu bestätigen), aber das Auftauen verweist auf Schlamm, Zerquetschen, Fäulnis und Abfall.

Die heutige industrielle Methode der Nahrungsmittelherstellung stellt vier Parameter in Frage: Natur, Zeit, Bewegung und Identität. Die Verantwortlichen tragen einen Namen: Kälte, Trockenheit. Die Techniken des Trocknens bzw. der Tiefkühlkonservierung, das Einfrieren, haben allmählich Einzug gehalten in die Fabrikationssysteme, die sie den Gesetzen des Marktes unterwerfen, während sie gleichzeitig die Wahrnehmung des Realen beeinträchtigen.

Die Unterwerfung unter die Ordnung der Natur war bis vor etwa fünfzig Jahren das Grundgesetz, das die Beziehungen der Menschen zu ihrer Ernährung bestimmte. Entsprechend den jahreszeitlichen Temperaturschwankungen vollzog sich das Erscheinen und Verschwinden bestimmter Obst- und Gemüsesorten nach einem anerkannten und beherrschten Rhythmus. Es war die Zeit der blühenden Bäume, die erwartete Gaumenfreuden verhießen, die manchmal, während langer Winter, schon fast in Vergessenheit geraten waren. Es war die Zeit der Kirschen.

Klischees, nostalgische Beobachtungen oder Kritik am Verlust von Orientierungspunkten?

Was bedeutet diese Unterwerfung unter die Ordnung der Natur? Tatsächlich ist die Existenz des Nahrungsmittels paradoxer, als es anfangs erscheint, denn sie unterliegt einer doppelten Zeitlichkeit. Zunächst ist das Objekt in die Ordnung der lebenden Natur eingefügt: Tiere werden gezeugt, kommen zur Welt, Früchte wachsen, gedeihen und werden schöner, bis zu dem Augenblick der optimalen Reife, den der Mensch, geleitet von seinen Konsuminteressen, festsetzt.

Der zweite Zeitabschnitt ist der der Transsubstantiation: Das Töten des Tieres bzw. das Ernten der Frucht führt das Lebende in die Kategorie des potentiell Eßbaren ein. In einer pragmatischen Sichtweise im Dienst der Arterhaltung bewirkt dieser erste Tod folglich eine qualitative Veränderung; dieses zweite Moment geht zwangsläufig mit einer rechtlichen, religiösen oder hygienischen Kategorisierung einher, um das Verzehrbare vom Rest zu trennen, der je nach kulturellem Begriffssystem als ungenießbar, unsauber, verboten oder ungesund klassifiziert wird. Aus genau diesen Gründen erlangen gewisse Tiere und Früchte den Status eines Nahrungsmittels, der sie dann in einen zweiten Lebenszyklus einführt.

Dritter Zeitabschnitt: Die gerade geerntete Frucht, das frisch geschlachtete Tier treten in die Kategorie der frischen Nahrungsmittel ein, auch wenn sie biologisch tot sind, denn die Umwandlung von Lebewesen in Nahrungsmittel kündigt einen Neuanfang an. Aufgrund dieser sonderbaren Gnadenfrist, die dem Nahrungsmittel eingeräumt wird, um vor dem endgültigen Tod neue Kraft zu sammeln, entsteht ein zweites Leben, eine zweite Dauer und eine zweite Jugend. Jedoch kommt gerade in diesem Moment eine Beschleunigung der Zeit ins Spiel, denn der Verzehr muß rasch erfolgen, bevor sich die ersten Zeichen der Zersetzung zeigen.

Vierter und letzter Zeitabschnitt: Das Ende ist da, das Anorganische kommt wieder zu seinem Recht. Der zweite Tod ist ein dritter Zustand: Der Kadaver, der Abfall, die Fäulnis bemächtigen sich des Objekts. Es ist die Zeit des biologisch Abbaubaren, des Mülls; der reiche Westler verliert jegliches Interesse an einem Objekt, das er noch tags zuvor als mögliche Lustquelle libidinös besetzt hatte.

Dieses zweifache Leben (bzw., je nach Standpunkt, dieser zweifache Tod) des Nahrungsmittels und diese Bewegungen von Leben und Tod sind aufgrund einer visuellen Einimpfung aus dem Unbewußten äußerst aufschlußreich. Sie erzwingen nämlich die Identifikation mit einem Objekt, das denselben Lebensrhythmen von Geburt und Tod, von Entfaltung und Zerfall, derselben dahineilenden Zeit unterliegt. Aufgrund der Identität des Lebenden unterstützen sie paradoxerweise die kannibalischen Phantasien, binden sie uns selbst an das Eßbare und rufen sie beim Kind die Frage hervor: Welchen Wunsch gibt es nach dem Tod? Sich langsam auflösen unter dem nagenden Biß der Maden, oder uns von denjenigen, die wir lieben, in einer Geste höchster Zärtlichkeit einverleiben lassen? »Wenn ich ›tot‹ bin, möchte ich in deinen Bauch zurückkehren«, sagte ein fünfjähriges Kind nach dem Ableben seines geliebten Großvaters zur Mutter. Ist der Wunsch, den anderen, den Geliebten, vor dem Verfall durch Fäulnis und Verwesung zu bewahren, nur eine psychotische Phantasie? Irgendein beliebiges Mittel, dachte dieses Kind, um das

Grauen des Verschwindens zu bannen, meines eigenen und desjenigen geliebter Personen ...

Heute haben wir die Kältetechnik, die dafür sorgt, daß diese Zerstörungsphantasien von uns ferngehalten werden. Welche Botschaft vermittelt die industrielle Fertigung den orientierungslos gewordenen Verbrauchern? Das Leben bzw., um genauer zu sein, eine bestimmte Form potentiellen Lebens läßt sich mühelos mit Hilfe der Kältetechnik erhalten: Gefriertruhe und Kühlschrank sollen nicht das Gespenst von Hungersnöten bannen, die in unseren Breiten unbekannt sind, sondern sicherstellen, daß das Bedürfnis künftig immer unverzüglich befriedigt wird; die sofortige Sättigung ist endlich Wirklichkeit geworden, es gibt kein Warten mehr. Merkwürdiger Fortschritt: vorbei in Sekundenschnelle das unbefriedigte Bedürfnis, vorbei der Moment der Latenz zwischen dem unangenehmen Hungergefühl und der »response«, die vor jeglicher Zubereitung erfolgt. So beginnt die Epoche der Stille, der Ruhe, der endgültig beseitigten Frustration; als zwangsläufige und letztliche Folge davon verschwindet der Wunsch, der immer auf der Erwartung fußt und sich immer in die Zeitlichkeit einschreibt, die ihn auskristallisiert. Die Herrschaft des »Sack«-Körpers, den man nach einer automatisierten Mechanik füllt und leert, wird anbrechen, so daß das Wort, der wichtigste Träger des Begehrens, gänzlich überflüssig werden und verschwinden wird: »Mutter, wie wäre es, wenn wir heute Pfannkuchen machen würden?« Die Pfannkuchen sind schon da, griffbereit, eiskalt, weißlich und zeitlos, denn Erwartung und liebevolle Zubereitung gibt es nicht mehr.

Umkehrung der Bedingungen des Lebens: Kälte erhält, Wärme tötet; während doch bis vor nicht allzulanger Zeit Kälte gleichbedeutend war mit Tod und die Wärme dafür sorgte, daß das Leben bewahrt wurde. Kälte konserviert – was in gewisser Hinsicht eine Verdrehung der Wahrheit ist, denn die Kälte erhält die Sache zwar in ihrem normalen Zustand, aber sie bringt sämtliche Bewegungen des Lebens zum Stillstand. Ein gefrorenes Nahrungsmittel ist erstarrt und steht außerhalb der Zeitlichkeit, so daß die Annehmlichkeit der vorübergehenden Zeit und die Wohltat des langsamen Reifens nicht mehr existieren. Welchen Genuß hätte man von einem tiefgekühlten Mouton-Rothschild oder Kognak?

So sind in dieser wahrhaft existentiellen Wandlung, die wahrscheinlich neue Vorstellungsbilder im Unbewußten erzeugen wird, die zyklische Zeit und die endliche Zeit, die im voraus bestimmte Zeit, verschwunden; die heilbringende Zeitlosigkeit hat begonnen …

Das tiefgekühlte Nahrungsmittel besitzt in seinem normalen Zustand weder Farbe noch Form noch Geruch noch Geschmack und reduziert sich, abgesehen von seinem offiziellen Titel, auf ein Etikett, das aus einer Aneinanderreihung von Begriffen besteht, deren Unverständlichkeit die lebensmittelrechtliche Unbedenklichkeit verbürgt. Ein esoterischer chemischer und juristischer Begriffsapparat ist an die Stelle der dionysischen Feier getreten; und der dennoch gefügige Leser mag sich, von einem dämonischen Schauder gepackt, an den Ausspruch von Victor Hugo erinnern, der sich anläßlich der Belagerung von Paris im Jahre 1870 über die Vorstellung erregte, daß »wir Unbekanntes essen«.

Die heutige Welt zeichnet sich – zur höchsten Wonne aller zwanghaften Angstneurotiker – durch die Vorherrschaft des Wortes gegenüber allen anderen Ausdrucksformen aus. Das Verzehren von Worten war bislang nichts Besonderes; doch das Verspeisen chemischer und juristischer Formeln setzt den Übergang vom verständlichen oralen Diskurs zur verschleiernden Schrift voraus, deren rückversichernde Funktion vom geheimnisvollen Nimbus einer verschlüsselten Botschaft umgeben ist. Je mehr der Verbraucher liest, um so weniger versteht er, da ihm das Wissen fehlt und da einem das rationelle Essen heutzutage in der Schule beigebracht wird.[4] Der informative Überfluß des kodierten Wortes erzeugt paradoxerweise eine nachhaltige Desinformation, zumal die »archaischen« Hilfssysteme, wie etwa der Geruchs- und der Geschmackssinn, in Ermangelung einer angemessenen Kultivierung heute brachliegen.

Nicht mehr der Zeitlichkeit unterliegen bedeutet, sich in einem Zustand der dauerhaft guten Erhaltung befinden, da es keinen Verfall mehr gibt. Und dennoch läßt sich die olfaktorische Präsenz des Absterbenden oder des einfach Übelriechenden paradoxerweise nicht systematisch negieren. Cioran legte 1949 ein Werk mit vielversprechendem Titel[5] vor, in dem er jedoch nicht (bzw. nur am Rande) die Zersetzung des Lebenden thematisierte. Aufgrund dieses Desiderats stellte sich die Frage nach dem Recht, das Verfaulte, das Stinkende, die Exkremente, den Abfall zu besingen. In seinem Werk *Zwillingssterne*[6] griff Tournier diese Herausforderung unabsichtlich auf, indem er eine außergewöhnliche Figur, Alexandre, schuf, die sich gern unter Ratten aufhält und sich am Müll erfreut. Indem Tournier die Wonnen der erlösenden Analität poetisch verklärte, entwarf er einen neuen Typus des Antihelden.

Der beißende Gestank der Exkremente stellt die Negativfolie dar, vor der der Geruchssinn die angenehmen Düfte aus der Geruchspalette des Alltags um so deutlicher wahrnimmt. Vermischt mit Verwesungsgerüchen transzendiert die ekelerregende Fülle muffiger Körperausdünstungen, die Manifestationen und Beweise des Lebens sind, das Lebende und schützt es wirksam vor der Todesangst: Eine Nacht auf der Unfallstation eines Krankenhauses genügt, um einen hiervon zu überzeugen.

Der zweite Tod des Nahrungsmittels verweist auf das Anorganische: Die dem Lebenden innewohnende Bewegung der inneren Zerstörung führt zur Verwesung, das Fleisch zersetzt sich, die Farben verblassen, die Fäulnis greift auf das Nahrungsmittel über; erst nach einiger Zeit kommt es zu einer Stabilisierung, das Anorganische, die Null-Spannung bemächtigen sich dann dieser Sache, die sich noch bis vor kurzem ungestört entwickelte – Übergang vom Lebenden zum Eßbaren und dann zum endgültigen Tod, der glücklicherweise heute dank der Kältetechnik aufgeschoben ist. Wann werden wir mit der systematischen Tiefkühlung des Menschen beginnen?

Heute durchleben wir den mythischen Traum vom Stehenbleiben der Zeit. Es ist dies kein Eintritt in die Zeitlosigkeit, sondern in die aufgehobene Dauer. Dieses Phänomen erzeugt im Unterschied zu einer Vollnarkose oder einer Bewußtlosigkeit keine Erlebnislücke von einer bestimmten Dauer, die sich dennoch nachhaltig ins Leben eingeschrieben hat, sondern die Zeit setzt ihren Flug so lange aus, wie es dem Verbraucher gefällt. Die zeitliche Ordnung zwischen der Zubereitung der Speise und ihrem Verzehr ist zum Stillstand gekommen – eine Fermate, deren Nicht-Resonanzen sich ins Unendliche ausdehnen.

Wenn die Zeit für das Denken »eine notwendige Vorstellung ist, die allen Anschauungen zum Grunde liegt«[7], dann stellt sich die Frage, was geschieht, wenn sie aus der materiellen Wirklichkeit ausgeschlossen wird. Wird sie dann auch in der psychischen Wirklichkeit aufgehoben? Freud betont, daß es im Unbewußten weder Zeit noch Tod gibt. Welche phantasmatischen Vorstellungen rufen die neuen Nahrungsmittel hervor, die an der Verbindungsstelle zwischen diesen beiden Abwesenheiten liegen?

Was wird aus den kantischen Anschauungen, wenn man die Vorstellung der Zeit aufhebt – denn diese läßt die Dinge reifen und bringt sie nach einer genau bestimmten Reihenfolge zu höchster Vollendung. Außerhalb der Zeit tauchen Leere und Abstraktion auf, die eine Welt erzeugen, die durch die natürliche Funktionsweise der Psyche nicht bewältigt werden kann: In seiner Bedeutung als körperliche Stütze schreibt sich das Ich auf der Ebene des Bewußtseins in eine aktualisierte Dauer ein, auch wenn es in einer gewissen Hinsicht gespalten ist und im Unbewußten den Fortgang der vorübergehenden Zeit leugnet. »Das Ich ist vor allem ein körperliches, es ist nicht nur ein Oberflächenwesen, sondern selbst die Projektion einer Oberfläche«[8], und die Wahrnehmung seines Alterns ist eine tägliche Prüfung, die fortwährend verdrängt wird. Das Ich kämpft mit dem Mechanismus der Verneinung gegen diese Angst vor der Zeit, indem es sich über die regelmäßige Skandierung derselben Phänomene, der Monate und Jahreszeiten, der Kälte und Hitze, freut, verzweifelt die kontinuierliche Weiterentwicklung leugnet und sich an der Vorstellung einer ständigen Wiederkehr des Gleichen delektiert. Doch die Gegenwart wird zur Vergangenheit; der Mensch ist sich bewußt, daß er in eine endliche Dauer eingeschrieben ist, deren Ende er nicht kennt. Alles in seiner Umgebung beweist ihm: Der Tod lauert überall; und in Anbetracht dieses unvermeidlichen Befundes, den einige Menschen nur mit Hilfe zwangsneurotischer Rituale zu leugnen vermögen, versagt sein Narzißmus, und seine infantile Allmacht bricht zusammen.

Nun gibt es aber heute tatsächlich eine Form der aufgehobenen Zeit, in der die Materie ihre Entwicklung einstellt und die der Haltbarkeit des Leichtverderblichen eine unendliche Perspektive gibt; das Subjekt kann nun in einer regressiven Dynamik die Technik in sein mentales System einfügen und so die oftmals noch heiße Asche seines animistischen Denkens wieder zum Glühen bringen.

Parallel zu dieser Entwicklung verschwinden auch die übrigen Orientierungspunkte, die keine Gewißheit mehr vermitteln: Was definiert heute noch ein eßbares Produkt? Wie soll man es erkennen, da Geruch und Geschmack infolge ihrer mangelnden Technizität ihre Bedeutung verloren haben? Bleibt erneut nur der Rückgriff auf die Schrift: Das Haltbarkeitsdatum (nicht der Tod, sondern die Haltbarkeit!) dient dazu, die Frische des Nahrungsmittels zu beweisen. Es ist nicht so wichtig, ob der Joghurt oder der Quark genießbar erscheinen oder nicht; das letzte Wort hat der Arbeiter bzw. die unbekannte Maschine, der/die das Etikett aufgeklebt hat. Die Entscheidung fällt in den Verantwortungsbereich eines anonymen Besitzers eines Wissens, das möglicherweise für meinen Körper lebenswichtig ist. Die Gesellschaft muß sich um mich kümmern; meine Unkenntnis veranlaßt mich zum Verzicht auf jegliche Kontrolle, bis in den Bereich der banalsten Alltagsdinge hinein.

Der dritte Parameter, der in Frage gestellt wird, ist die Bewegung. Genau in diesem Punkt aber hat uns die Psychoanalyse systematisch zur Formulierung eines sonderbaren Postulats genötigt: Jede physische Bewegung verweist auf die psychische Wandelbarkeit und das Vermögen, sie zu beherrschen. Diese im Unbewußten bestehende Entsprechung wird oft vergessen. Phobische Kinder, die unter der

114

beständigen Angst leiden zu fallen und die unfähig sind, zu schwimmen, radzufahren oder auch zu laufen, waren oder fühlten sich Drohungen ausgesetzt, die mit einer möglichen psychischen Unbeständigkeit der Eltern zusammenhingen.

Für das Unbewußte, das die Kastration und den Tod fürchtet und das in einer rettenden Unbeweglichkeit erstarrt, müssen die Dinge in ihrem früheren Zustand verbleiben. Die Anerkennung der Unbeständigkeit läuft in gewisser Weise auf eine Reaktivierung der kaum oder unzureichend verdrängten ödipalen Verbote hinaus, und aus diesem Grund scheint die Aktualisierung des Begehrens gefährlich zu sein, auch wenn dessen Repräsentation bei gewissen, unter einer strengen und primitiven Über-Ich-Zensur leidenden Personen kaum dem Bewußtsein zugänglich ist. Das Objekt ihrer Ängste verschiebt sich dann kraft einer Abwehroperation von der eigenen Psyche auf die materielle Außenwelt: Das Flugzeug, das Auto, der andere, der auf der Straße geht, gefährden ihr Leben; die Besorgnis wird mit den Zeitumständen gerechtfertigt, nur die Umsicht verhütet den Tod, das Fahrrad – und nicht der Trieb – stellt ein unerträgliches Risiko dar.

Diese Angst vor der Bewegung führt reaktiv zum Aufbau eines Abwehrsystems, das in der Verstetigung einer früheren psychischen Dynamik mitsamt ihren Widerständen und ihrer Zensur besteht; diese fortwährende und regelmäßige Pseudobewegung verhindert die Bewußtwerdung der Widerstände gegen das Begehren. Überdies beruhen die ständige Erregtheit und der zwanghafte Aktivismus auf demselben Abwehrsystem, denn wie Freud betonte, sind im Unbewußten die Gegensätze identisch. Bewegung, Geschwindigkeit, verengter Raum und umkehrbare Zeit dienen dazu, die Möglichkeit psychischer Veränderung zu leugnen, und aus diesem Grund scheint die Abwehrfunktion identisch zu sein. Konsumrausch, ständiger Aktivismus und fortwährendes Reisen führen paradoxerweise in manchen Situationen zu denselben Ergebnissen wie ihre scheinbaren Gegensätze, denn es handelt sich in beiden Fällen um unbewegliche und starre Abwehrmechanismen.

Wenn das Individuum unbewußt so viel Unbeweglichkeit praktiziert, vergißt es schließlich, wie groß die Annehmlichkeit der Bewegung ist, die in der Lust enthalten ist: sexuelle Lust, Lust am Denken, auch analytische Lust an dem Gefühl, daß »sich etwas bewegt«. (»Gegenwärtig habe ich den Eindruck, daß ich meine Zeit vergeude, es bewegt sich nichts«, sagen ungeduldige Patienten, und einige Zeit später erklären sie mit strahlendem Gesicht, wenn auch nicht ohne Anflug von Besorgnis: »Es bewegt sich etwas!«)

Die Bewegungen des Lebens und des Todes durchdringen das moderne Nahrungsmittel nicht mehr. Die Tiefkühlung hat alles zum Stillstand gebracht und eine neue Perspektive in der Wahrnehmung des Lebenden eröffnet: Die Bewegung, die bis in unsere Zeit das Belebte vom Anorganischen unterschied, ist keine Notwendigkeit mehr, die das Überleben verbürgt, sondern vielmehr dessen absoluter Gegensatz.

Die hedonistische Weisheit des Philosophen rät uns dennoch: »Beim Essen und in der Liebe sollte man niemals hasten und drängen, denn in beiden Fällen pflegt die Hast in Traurigkeit und Bedauern zu enden.«[9]

Dieser ästhetische Befund von Michel Serres nötigt uns zu einem nüchternen Vergleich zwischen der neuen Identität des Nahrungsmittels und einem anderen wissenschaftlichen Fortschritt, der medizinisch unterstützten

Fortpflanzung und in deren Gefolge der In-vitro-Befruchtung und der künstlichen Besamung. Denn eine der Gemeinsamkeiten zwischen den heutigen Techniken der Nahrungsmittelherstellung und der künstlichen Fortpflanzung ist die Notwendigkeit der Tiefkühlung: Damit die Nahrungsmittel im ersten Fall und das Sperma im zweiten Fall ihre Funktionalität bewahren, müssen sie in flüssigem Stickstoff konserviert werden. Auch hier kommt die Kälte im Namen der Wissenschaft dem Leben zu Hilfe, und sie ersetzt die zärtlichen und langsamen, heftigen oder leidenschaftlichen, mechanischen oder rauschhaften Bewegungen der Liebe durch die eingefrorene Bewegungslosigkeit; erst später, und nur auf ausdrücklichen Wunsch, wird dieser Mechanismus durch eine exakt kalkulierte medizinische Geste zerstört, die bar jeglicher Affektivität ist und den Defekt des Menschen durch ein technologisches Wissen beheben soll. Dies ist der Gipfel und der Triumph des *Désir froid* (kalten Begehrens)[10]: Der menschliche Körper mit seinen sensorischen Kompetenzen und seiner biologischen Finalität der Reproduktion wird entwertet und zugunsten einer vermeintlich überlegenen Technisierung disqualifiziert; die Beziehung zum Lebenden wird im Akt der Nahrungsaufnahme wie im Liebesakt durch ein kodifiziertes technisches Wissen ersetzt, welches das Lusterlebnis aus dem Körper und der Psyche heraus verlagert, so wie ein römisches Heer vor Schlachten die nicht benötigten Ausrüstungsgegenstände abzulegen pflegte.

Ein Kind durch eine starre Bewegung zeugen und dann sein »Nutznießungsrecht«[11] im Gefrierschrank eines Instituts für Reproduktionsmedizin aufbewahren lassen, das heißt, eine Fülle winziger Embryonen so lange konservieren, bis die Eltern grünes Licht geben.

Liegt dem gefüllten Gefrierschrank und dem im Institut für Reproduktionsmedizin aufbewahrten »Nutznießungsrecht« dieselbe Logik zugrunde? Ja, denn die Technologie hat die Notwendigkeit eingeführt, sich an die Stelle der inkompetenten Natur zu setzen; der Körper hat seine enge Verzahnung mit dem Instinkt und dem Trieb verloren; die psychosomatische Verflechtung, erwünschte Vollendung eines Entwicklungsprozesses, existiert nicht mehr; es ist der Triumph der nicht vollzogenen Entwöhnung durch Verklärung der geleugneten Kastration. Dabei hat das Ich gemäß der psychopathologischen Logik des Unbewußten einige Probleme mit seiner Körperoberfläche, seiner zunehmend psychogenen[12] Sterilität und der Bulimie, die als Reaktion auf den Verlust von Orientierungspunkten des Begehrens und der Lust auftreten.

Außernatürlich, zeitlos, unbeweglich und identisch sind somit die vier homothetischen Prinzipien der Nahrungsmittelindustrie. In der Psychiatrie besteht das Prinzip der Identität, der *sameness*[13], in der Notwendigkeit, eine unbewegte, streng mit sich selbst identische Welt zu bewahren, die keinerlei Veränderung duldet, da andernfalls die Orientierungspunkte verlorengehen und eine unkontrollierbare Angst entsteht. Eine ähnliche Angst existiert auch bei Kleinkindern und älteren Menschen; bei jenen ist die Fähigkeit zur Anpassung noch nicht ausgebildet, bei diesen ist sie mit der Zeit so sehr erstarrt, daß eine plötzliche Veränderung (beispielsweise ein Umzug) den Tod zur Folge haben kann.

Das Kind bemüht sich hartnäckig darum, die »Identität des Eindrucks« herzustellen, während »für den Erwachsenen das Neue immer die Voraussetzung des Genusses bilden wird«[14]. Beim Erwachsenen dienen die scheinbaren

Fähigkeiten zur Veränderung oftmals hauptsächlich dazu, die *unbewußte* Wiederholung zu verschleiern, obgleich er auf der Ebene des *Bewußtseins* das Bedürfnis und die Notwendigkeit verspürt, ein Gefühl des Wechsels herbeizuführen, da ansonsten Depression und Schwermut drohen: »Mir passiert nie etwas«, sagt der Depressive, der nicht klar zum Ausdruck bringen kann, daß »das Erwartete die Anästhesie erzeugt«.[15] Daher die Lust an der Abwechslung, am belanglosen und alltäglichen Augenblicksgenuß, der unter anderem bei den täglichen Mahlzeiten aktualisiert wird: das »nicht richtig Durchgebratene«, das »Versalzene«, das »noch nicht Reife«, die »außergewöhnlich sämige Soße«, die »gute Idee, vor dem Servieren gehackte Petersilie über das Essen zu streuen«, das »al dente« und ihre Folgen: Gelächter, Nörgelei, Wutanfälle, Zärtlichkeiten, die Köchin, die an diesem Tag ihre Schürze trägt oder auch nicht trägt ... Unbedeutende Veränderungen des Augenblicks, die sogleich wieder vergessen werden wie der Sonnenschein in diesem Sommer, erinnerst du dich daran – du träumst, es hat die ganze Zeit über geregnet ...

Das Tiefgefrorene liefert keinerlei Grund für eine Angst, die mit einer ungelegenen Veränderung einhergeht, da dasselbe, nach dem Verzehr, identisch wieder erscheinen kann, als eine Fotokopie seiner selbst, ein Lebensmittel, das sich wie Phönix immer wieder neu aus seiner Asche erhebt. Die Küche gehört zu den Körpertechniken, die sich unter anderem durch Variabilität auszeichnen; bei der Zubereitung einer Speise verleiht der anekdotische Mißerfolg eines Tages seinen ganzen Lustgehalt dem künftigen Gelingen, während die industriellen Techniken und die Tiefkühlung dazu führen, daß zwei Produkte aus derselben Serie untereinander und mit einem dritten Produkt identisch sind.

Die Nahrung wird vom Körper aufgenommen, assimiliert und in Ich verwandelt; das Ich aber ist mißtrauisch gegenüber der Nahrung und verhält sich so, als ob es wüßte, daß es den Mund, dieses Phantasma mit seinen sonderbaren Neigungen, die unentwegt Anpassungsleistungen erfordern, unentwegt überwachen muß; daher die reaktive Tendenz des Kindes, vom Selben zu essen. Das Lustgefühl ist an eine Spannungsverminderung gekoppelt, und das Wahrnehmungssystem ist empfindlich für die Qualität dessen, was von der Außenwelt auf es einwirkt und der Triebdynamik zugrunde liegt. Lösen die homogenisierten, einheitlich gestalteten Produkte in dem ihnen zukommenden Bereich eine hinlänglich hohe Erregungssumme aus, um ein Niveau aufrechtzuerhalten, das für die homöostatische Funktionsweise unerläßlich ist? Wenn nichts mehr erregend wirkt, wenn sich nichts mehr ändert, dann erschallt der Aufruf zur Revolution.[16] Die industriell hergestellte Nahrung gehört zur Erstarrung des Lebens, zu dem Eindruck, unentwegt denselben Filmausschnitt zu sehen, in dem die einzige Bewegung, die verdeckt zum Vorschein kommt, das Altern und der Tod sind. In dieser lebensfeindlichen Konsumgesellschaft ohne transzendente Werte verweigert das fröstelnde, erstarrte und leidende Ich jegliche Entwicklung, die als ein großes Risiko betrachtet wird: Alles ist Nicht-Ich, unbekannt, fremd und gefährlich. Sogar die Einverleibung fremdländischer Speisen wird infolge der Ablehnung jeglicher Assimilierung als bloßer »Durchgang« erlebt: kaum verzehrt, schon wieder ausgeschieden. Während man die Speise verschlingt, verkennt man die damit verbundenen kulturellen Werte oder, schlimmer noch, man stößt sie aus.[17] Übrigens erstarrt das Denken selbst in den Medien und wird dort auf eine zwar zweckmäßige, aber sterile Weise industrialisiert: Die Lust am Essen und die Lust am Denken sollten denselben individualistischen Kampf auslösen, der für das geistige Überleben erforderlich ist.

Wer wird die Wonnen des Empirismus, des Unverstandenen, des »Wie macht man es«, die Wonnen der kulinarischen oder geistigen Produktion besingen?

Das noch lebende Produkt in seinem anorganischen Zustand fixieren, den Tod und die Fäulnis, die auf die dahineilende Zeit verweisen, leugnen: Alles ist stabil und unbeweglich und für immer in einem als wünschenswert erachteten Zustand fixiert. Verneinung der Fähigkeit zur physischen Selbstzerstörung des Körpers, verbunden mit der Behauptung der psychischen Erhaltung des inneren Objekts, das zu einem x-beliebigen wird. Das Leichtverderbliche ist abgeschafft, und die Liebe spendende Brust, dieses für immer verlorene Objekt, dieser ontologische Mangel, hat sich endlich materialisiert, ist endlich tiefgekühlt und konserviert! Die Brust gefriert, weil sie nicht mehr lebendig ist, und es ist nützlich, wenn nicht gar notwendig, sie unentwegt zu erneuern, da sich die Psyche wie das Danaidenfaß verhält.

Das Verlangen der oralen und analen Triebe, alles aufzubewahren, alles zu konservieren und nichts zu verlieren, führt uns zu der Frage: Wann beginnen wir mit der Tiefkühlung des Kots? Liebe und Haß in Erwartung eines nicht angenommenen und unannehmbaren Zerstörungstriebs: Das Gebiß zerstört nicht mehr (übrigens sind die meisten Nahrungsmittel aus diesem Sortiment weich und feucht), und zudem kann dasselbe im gleichen Augenblick seines mutmaßlichen Verschwindens sichtbar und präsent sein. Der Bulimiker, ein zweifellos durch die Industrialisierung gekräftigtes und gestärktes Produkt, muß das Auftauen nicht mehr abwarten: Der Mikrowellenherd versorgt ihn mit heißen Speisen, die er sich nie hätte träumen lassen.

Dank der Tiefkühlung ist das äußere Objekt ständig präsent und verhindert so jede Artikulation des Mangels und der Frustration; noch bevor sie überhaupt begehrt wird, ist die Nahrung schon da und das Kind im Institut für Reproduktionsmedizin präsent. Kultur des Lebenstriebes oder vielleicht doch, entgegen dem äußeren Anschein, im Grunde eine Kultur des Todestriebes?

Das Gastmahl von Platon ist ein Diskurs über die Liebe. Wie aber steht es mit dem tiefgekühlten Gastmahl? Es ist eine Rede über die mortifizierende Unbeweglichkeit, über die mechanische und orthopädische Stille, die nächstens auf den Gängen des Instituts für Reproduktionsmedizin herrscht. Der Liebhaber der unbeständigen Liebe ist am Verschwinden, Zeit und Dauer verflüchtigen sich; die kurzlebige Rose, die in einem Tag ihre Blätter abwarf, und die ewige Liebe des Dichters: Für sie ist kein Platz mehr.

In einem unterscheidet sich die Rose von mir:
Eine Sonne sieht Geburt und Tod der Rose,
tausend Sonnen sahen die Geburt meiner Liebe,
die mir Rast und Ruhe raubt.
Hätte es Gott doch gefallen, wie eine Blüte
diese Liebe nur einen Tag währen zu lassen![18]

Vierter Teil
Die Wonnen des guten Essens

Der Teller

Das orale Begehren richtet sich auf den Teller[1], der bei jedem Mahl den vergänglichen Status eines Reviers der Oralität erwirbt. Für jeden von uns steht der Gebrauch und die absolute Notwendigkeit eines Tellers gänzlich außer Frage, und doch ist dies paradoxerweise keineswegs völlig selbstverständlich:

– weder in soziologischer Hinsicht: In einigen Kulturen, insbesondere schwarz- und nordafrikanischen, wird das gemeinsame Essen aus einer Schüssel gegenüber dem Anrichten auf Einzeltellern[2] bevorzugt. Dies ist dem einzelnen offenbar nicht unangenehm und gibt auch keinen Anlaß zu Konflikten; die durch die althergebrachte Gastfreundschaft verstärkte Tischgemeinschaft wird höher veranschlagt als der individuelle Konsum;

– noch in historischer und kultureller Hinsicht: Die Gebräuche haben sich verändert. So wurde beispielsweise »in Frankreich eine feste Scheibe Brot, auf der man die Speisen anordnete, lange Zeit dem Teller vorgezogen«[3]. Die Tellerformen und das Material, aus dem man die Teller herstellte, wechselten im Laufe der Jahrhunderte und mit den sozialen Klassen: zunächst eine einfache Mulde im Tischholz, dann aus gebrannter Erde, Kupfer, Zinn, feuervergoldetem und massivem Silber. Heutzutage kann man unter weißen und farbigen Tellern, Tellern aus Steingut und aus Porzellan wählen, und dieser Auswahl liegen scheinbar nur ästhetische Erwägungen zugrunde.

Der Teller, das Revier der Oralität

In der Verhaltensforschung (Lorenz) versteht man unter einem Revier ein Gebiet, aus dem ein Tier seine Artgenossen verdrängt und das auf sexueller Herrschaft und einem hinreichenden Angebot an Nahrungsmitteln basiert. Heute hat der Begriff des Reviers für den Menschen jegliche Bedeutung verloren, während er für prähistorische Horden, für die europäische Zivilisation des Mittelalters und insbesondere für afrikanische und australische Stämme noch eine ganz bestimmte praktische Relevanz besaß.

In einer unbewußten ethologischen und soziologischen Entwicklungslinie dient der schlichte Teller somit als abgegrenztes orales Revier einer Person und verwandelt sich in einen privilegierten symbolischen Raum, denn in unserer Zivilisation werden der Raum und das Revier des einzelnen, unter welchem Gesichtspunkt auch immer man sie betrachtet – ob unter politischem, wirtschaftlichem, sozialem oder psychologischem –, immer mehr eingeschränkt und immer genauer festgelegt: »Die Entwicklung unserer großen modernen Gesellschaften hat die Tendenz, die Zwischenglieder zu pulverisieren, die Individuen zu austauschbaren Atomen zu reduzieren, sie zugunsten einer anonymen Zentralgewalt zu enteignen.«[4]

Was besitzt der moderne *Homo oeconomicus*, der von keiner Gruppe, Familie oder Holding abhängig ist, wirklich für sich allein als Eigentum? Jedes Individuum, das mit einem banalen Raubinstinkt ausgestattet ist, der sich auf materielle Güter richtet, wird selbst dann, wenn es sich »normalerweise« seiner Entfremdung bewußt ist, voller Angst bestreiten, daß nur sein Teller, seine Kleidung, seine Schuhe und sein Auto zum Kreis seiner streng persönlichen Güter gehören, während es alles übrige, ob es will oder nicht, mit anderen teilt: sein Haus, sein Bett, sein Geld, seine Kinder ... Ein weiterer Beweis aus der Konsumwelt sind die modischen Finessen, die auf unbewußten ökonomischen Symbolen beruhen und die weiterhin eine unaufhörliche Abgrenzung betreiben, »da an die Stelle der gleichmacherischen und vereinheitlichenden Tischdecke individuelle Sets treten, die das Revier eines jeden abgrenzen und so verhindern, daß sich die Existenz und die Geschicke der Tischgenossen allzusehr miteinander vermischen«[5].

Der Teller enthält unseren Anteil am Essen, anders gesagt: das Stück Welt, das uns vorbehalten ist. So stellt der Teller das materielle Symbol unserer Möglichkeit der Selbsterhaltung dar, weil die dunkle Angst vor dem Mangel trotz des gegenteiligen Anscheins, den unsere Konsumgesellschaft erweckt, in einem archaischen Phantasma fortwirkt. Diese Ambiguität zwischen Realem und Imaginärem führt uns folglich zu einem instinktiven Verständnis des heute sonderbar anmutenden Verhaltens, daß der Teller immer gegen Aggressionen des anderen – mögen sie auch nur vorgetäuscht sein – verteidigt wird. Tatsächlich ist dieses Gerät ein Fragment des Realen, das im Unbewußten als metonymische Repräsentation des Raubinstinktes dient, der, gut oder schlecht verdrängt, den Trieben beigemengt ist.

Im Grunde ist klar, daß »man vom Geschirr erwartet, daß es ein Welt-Fragment aufnimmt und nach außen abgrenzt, auf das man seine Aufmerksamkeit konzentriert, wodurch man beginnt, der Welt eine Ordnung zu geben«[6]. *Hic et nunc*, aber auch in Zukunft beginnt die Ordnung der Welt immer mit der Achtung vor dem Inhalt des Tellers des anderen. Es ist eine alltägliche Beobachtung, daß es eine Aggressivität gibt, die sich bereits in dem Moment zu verschleiern trachtet, wo man sich mit scheinbarer Gleichgültigkeit ein Stück aus der gemeinsamen Schüssel nimmt und auf den eigenen Teller legt. Die unaufhebbaren familiären Haßgefühle haben, wie jeder weiß, indem er es zu wissen leugnet, oftmals keinen anderen Ursprung: »Sie« (die Eltern) aßen zuviel oder nicht genug, sie schlugen sich in egoistischer Weise den Bauch voll, oder sie schränkten sich ostentativ ein; das Kind, das ich war, mußte wegen der Schuld seiner Eltern oder wegen ihrer Forderungen auf das Glück eines vollgefüllten Tellers verzichten ...

Das Anfüllen eines Tellers mit Speisen ist gleichbedeutend mit der Aneignung seines Inhalts. Aufgrund dieser unbewußten Gleichsetzung zeigen Personen, die Diät halten, mitunter die scheinbar absurde Tischmanier, im Stehen zu essen und sich direkt, ohne den Umweg über einen eigenen Teller, aus der gemeinsamen Schüssel zu bedienen. Durch dieses Verhalten, das ihre Tischgenossen kaum ertragen, umgehen sie die symbolische Aneignung, indem sie eine »anonyme« Speise verzehren, die ihnen auf magische Weise nicht schaden kann, was die anderen, in derselben Logik des Unbewußten, als eine persönliche Aggression gegen sich selbst erleben.

Das widerwillige Essen oder das Essen aus dem Teller des anderen eröffnet ein Beziehungsspektrum, das sämtliche Register der animalischen Aggressivität abdeckt, von dem auf Rivalität basierenden Bruderhaß bis zum Vorspiel der von Aggressionen durchsetzten Liebe, wobei der Teller für das Bett steht, in dem sich die Körper vereinigen.

Schließlich ist der Teller ebenso wie das Bett der allerletzte Zufluchtsort vor der Angst zu vereinsamen und dem Gefühl, sich selbst zu verlieren. Der Teller ist die Oberfläche, auf der immer wieder die lebende Substanz, die den körperlichen Mangel ausfüllen sollte, gesucht wird. In den

Gefängnissen und früher auch beim Militär besaßen die Individuen, denen man alles genommen hatte, doch immerhin noch ihr persönliches Eßgeschirr. Stellten diese Institutionen dem einzelnen unbewußt ein Objekt zur Verfügung, das ihn vor dem Verlust der Identität bewahrte? Der manchmal in ein Übergangsobjekt verwandelte Teller ermöglicht somit dem Individuum in bestimmten autistischen Momenten, die jeder kennt, die Außenwelt zu erkennen, die in diesem Fall durch gute, zur Einverleibung auffordernde Objekte symbolisiert wird. »Zwischen der sozialen Person und ihrem eigenen Körper, in dem die Natur sich entfesselt, zwischen eben diesem Körper und dem biologischen und physischen Universum erfüllen die Tisch- oder Toilettengegenstände eine wirksame Rolle als Isolatoren oder Vermittler. Ihre Anwesenheit verhindert die katastrophale Entladung, die zu erfolgen droht.«[7] Die Gebrauchsgegenstände kanalisieren den archaischen Trieb, indem sie zwischen den Urmenschen und die Welt die Kultur setzen; dadurch üben sie eine politische Funktion aus, denn die Aufgabe der Politik besteht darin, eine Mangellage zu bewältigen, gleich ob sich diese auf die materielle Wirklichkeit, das »Seinsverfehlen« oder die Kastration bezieht. Die prunkvollen Versailler Tafelgedecke dienten als Abgrenzung zwischen dem König und seinen Untertanen und betonen durch ihre Pracht die Kluft zwischen den königlichen Trieben und den puren Selbsterhaltungsbedürfnissen der verarmten Massen.

Schließlich ist der Teller auch und vor allem die Verneinung der Leere und ein Objekt der Verleugnung des Mangels. Jedem Behältnis liegt die Gewißheit eines Inhalts zugrunde, folglich nimmt jeglicher Inhalt theoretisch am Kampf gegen den *horror vacui* teil. Wenn der Blick die Oberfläche dieses vertrauten Objekts umkreist, wird der

Wahrnehmungsakt selbst von imaginären, ja sogar halluzinatorischen Vorstellungen begleitet. Jedenfalls ist der Teller, auch wenn er leer ist, nicht so sehr die absolute Leere der Welt als vielmehr die Leere eines vertrauten Teils des Universums, der für die Nahrungsaufnahme bestimmt ist, und nicht des Teils, der eine tiefe metaphysische Angst verkörpert. Auch wenn eine eng begrenzte Leere frustriert, bestraft oder ängstigt, kann sie doch in der Psyche enthalten sein, ohne die Furcht vor einem Zusammenbruch auszulösen.

Am Familientisch bezeichnen der leere Stuhl und der leere Teller den Platz des anderen, der verreist, arm, abwesend oder tot ist. Diese Leere vergegenwärtigt den Unbekannten, der plötzlich auftauchen und das ihm Gebührende einfordern kann; und die Reaktion darauf, die mildtätige Geste, bannt das Elend, die Einsamkeit und die Trauer. Der aus dem Nichts entspringende unendliche Raum ist der Raum der Leere, der keine menschlichen Grenzen kennt; er steht für die Nicht-Existenz des Selbst und Gottes. Baudelaire reimt »vide« (leer) mit »avide« (gierig), denn gerade in der Angst vor der Leere liegt der Ursprung einer unersättlichen Lebensgier: »Wenn ›avide‹ auf ›vide‹ antwortet, dann wird die Leere hinter dem begehrenden Mund verspürt; sie wird im Rachen oder in der Magengrube als ein ›verschlingendes‹ Bedürfnis oder als eine durch nichts zu stillende Unbefriedigtheit empfunden [...]. Die Unersättlichkeit weist auf den Irrtum derer hin, die zersetzbare und vom Zufall abhängige Lebensmittel auswählen.«[8] Der Teller und seine vorübergehende Auffüllung mit Speisen schließen den Menschen im Augenblick, in der Immanenz und Relativität ein, während die widernatürliche Leere ihn mit einer kalten und abtötenden Angst erfüllt.

Der Teller als Projektionsfläche des Traums

Wie eine üppige weiße Brust kann auch der Teller als Ersatz für die Projektionsfläche des Traums dienen, »als Fläche, auf die ein Traum projiziert zu werden scheint. Dies ist der weiße Hintergrund, der im Traum anwesend ist, auch wenn man ihn nicht notwendigerweise sieht. Isakower deutete die großen Blöcke, die sich dem Schläfer zu Beginn seines Schlafes nähern, als ›Brüste‹«.[9]

Der Traum besteht aus Bildern und aus Tönen, und der Esser gleicht manchmal einem Träumer, den man aufgeweckt hat: Wenn sich der allein speisende Mensch in Sicherheit wähnt, dann befindet er sich in einem Zustand herabgesetzter Wachsamkeit, innerer Ruhe und Regression. Das Mahl ist eine Zeit der vagen Phantasmen, in denen Erinnerungsreste aktualisiert werden, die nicht aus deutlichen Gedächtnisbildern, sondern aus sensorischen Erinnerungsspuren – Seh-, Geschmacks-, Geruchs- und Tastempfindungen – bestehen. Es ist eine Zeit der Triebaktivierung, die in ökonomischer Hinsicht zu einer Spannungsverminderung führt.

Genaugenommen fungiert der Teller weniger als Projektionsfläche[10] denn als visuelle Stimulation für eine Art Selbsthypnose. Entsprechend seinem Design, seiner Farbe und seinem Inhalt – in qualitativer (die Speise ist eine andere, je nachdem, ob man aus einem Pappteller oder aus erlesenem Porzellangeschirr ißt) sowie in quantitativer Hinsicht – erlaubt er eine Träumerei und einen befriedigenden Rückzug auf sich selbst. Allein zu essen bedeutet von einem moralisierenden Standpunkt aus, der zwar nicht ausdrücklich erklärt, aber stillschweigend vorausgesetzt wird, zweckgerichtet zu essen, ohne »allzuviel« Lust (und dieses »allzuviel« deckt das ganze Spektrum des Mög-

lichen ab). Der Erwachsene betrachtet in der sexuell akti-
ven Phase seines Lebens die orale Lust unbewußt nicht als
»Lückenfüller« für die Defizite des Gefühlslebens, sondern
als Ergänzung bzw. Bereicherung einer Lust, die anderswo
entsteht: Kurz, die einsame Schlemmerei ist in diesem Fall
aufgrund eines Systems der Lustäquivalenz das implizite
Geständnis des Scheiterns der Liebe. Das ist übrigens
auch beim Bulimiker der Fall, der seine Eßsucht als einen
schändlichen Akt erlebt, der unbewußt mit der Mastur-
bation verknüpft ist, als ob diese scheinbar unterschiedli-
chen Handlungen, deren Gemeinsamkeit jedoch in einer
lust- oder auch unlustvollen Regression besteht, von
gleichartigen Traumbildern begleitet würden.

Die Geselligkeit

Aus der unbewußten Angst vor dem oralen Trieb, der sich
möglicherweise in der Einsamkeit ungehemmt Bahn brechen könnte, aus der Angst vor dem Rückzug auf sich
selbst, vor der Selbsthypnose, lädt der Mensch so oft wie
möglich zum Gastmahl und genießt »die Lust, in Gesellschaft ein wohlschmeckendes Mahl einzunehmen«. »Die
Unterhaltung (mit mehreren Personen) ist gewissermaßen
das Gesetz, das die Eßlust vor der Gefahr des Abgleitens
in die Psychose schützt und das die gesunde Rationalität
des Schlemmers erhält: Durch das Plaudern während des
Essens festigt der Tischgenosse sein Ich und schützt sich
vor dem Selbstverlust durch das Imaginäre der Rede«.[11]
   Tatsächlich kann das Essen einerseits, in einem Kontext
der Angst oder Wut, den Menschen zu einem Tier machen,
das der Befriedigung, die es aus der Nahrungsaufnahme
zieht, absoluten Vorrang einräumt; andererseits kann auch

die Einsamkeit in den Wahnsinn treiben, insofern der Einsame seine Welt nicht mit der der anderen abgleicht. Aus diesen beiden Gründen wird die »angeregte« Unterhaltung bei »gutem« Essen, das Sprechen über das Essen zu einer Verherrlichung des oralen Genusses durch eine ausgewogene Verbindung der Lust am Denken mit sinnlichen Erlebnissen. Für den kulinarischen Banausen ist das Sprechen mit vollem Mund entgegen den Regeln des Anstandes der Gipfel des oralen Genusses, während der Genießer weiß, daß die wahre Sinnenfreude eine schweigende Konzentration erfordert; der Anstand, »dieser soziale Tanz«, wie Alain sagte, diese verbindliche Anerkennung der Grenzen der Aufnahme des anderen, muß die Maske des Begehrens verschleiern, um nicht den zerstörerischen Neid desjenigen zu wecken, der, ohne zu essen, zuschaut, oder, schlimmer noch, der ohne Lust ißt. Seine Lust verschweigen …

Geselligkeit und Unterhaltung haben auch die Funktion einer »Anti-Droge«, denn das Reden erlaubt die Annahme des oralen Genusses ohne die Gefahr, sich zu verlieren. Mehr noch: »Die Feinschmeckerei ist eine der stärksten gesellschaftlichen Bande; sie breitet täglich jenen geselligen Geist aus, der die verschiedenen Stände vereinigt, sie miteinander verschmilzt, die Unterhaltung belebt und die Ecken der gebräuchlichen Ungleichheit abschleift.«[12]

Die Geselligkeit, dieses Teilen der gemeinsamen Speise mit den anderen, hat den Menschen in jeder Epoche und in allen sozialen Milieus eine Form der Triebkontrolle verschafft. »So ist die Geselligkeit im Grunde nicht nur eine soziologische Tatsache, vielmehr fordert sie dazu auf, die Kommunikation als ein Lusterleben – und nicht mehr nur als eine Funktion – zu betrachten (was die Humanwissenschaften bislang weitgehend versäumten).«[13]

Der orale Genuß hat zwei Pole, den Geschmack und das Wort, vor denen sich der Mensch aus Angst vor der Maßlosigkeit unentwegt schützt, indem er das eine gegen das andere ausspielt. Bis in unsere Tage haben wir dem Teilen der oralen Lust mit Verwandten oder Freunden einen hohen Stellenwert beigemessen; allerdings hat sich durch das Vordringen des Fernsehgeräts in die Eßzimmer eine wichtige Veränderung des Begriffs der Geselligkeit selbst in das Alltagsleben eingeschlichen. An die Stelle der Gäste aus Fleisch und Blut (so könnte man sie beschreiben) sind Bilder auf einem weißen Bildschirm getreten; so verschwindet die Unterhaltung, die den Schlemmer in eine gesunde Rationalität einfügte, und die sensorische Träumerei, die eine lustvolle Regression darstellt, erstirbt an sich selbst. Folglich dringen in die Gewalttätigkeit – denn die Stunde der Mahlzeiten ist auch die Stunde der Nachrichten – Bilder ein, die paradoxerweise unsere Distanz zur Welt, zum Affekt und zur Lust am Geschmack vergrößern. Die mit dem Bildschirm verbundene Sehweise sterilisiert die orale Lust durch das Aufkommen eines Interesses, das sich auf eine Welt bezieht, die anders ist als die Welt des Tellers. Es kommt zu einer Triebverschiebung, da man nicht mehr Lebensmittel verzehrt, sondern Informationen verschlingt: Der orale Trieb hat sich in einen Seh-Trieb verwandelt. Während der Teller eine Funktion der »Re-Narzissierung« hat, macht das Fernsehen ab einer bestimmten Dosierung psychotisch, indem es die Geselligkeit und die Lust an der Unterhaltung zerstört. Fortan herrscht die phantasmatische Kargheit eines Tabletts mit diätetischen Lebensmitteln und die Beziehungsarmut eines persönlichen Milieus, das durch die Bilder aus der ganzen Welt merkwürdigerweise verengt wird. Raum und Zeit werden durch die Augenblicklichkeit der Fernsehübertragung und die fehlende

Unterscheidung von Imaginärem und Realem aufgehoben; Bilder und Speisen werden mit derselben gleichförmigen Geistlosigkeit verschlungen; der »Telephage« (Bildfresser) sieht nichts, der Esser nimmt die Nahrung mechanisch zu sich, wie Chaplin in »Moderne Zeiten«.

Wir durchleben eine Epoche, in der unentwegt Phantasmen und Triebe angesprochen und gleichzeitig völlig blockiert werden zu dem Zweck, ihre Kraft und Gewalt für ein kollektives Ziel zu verwerten, das die Libido der einzelnen übersteigt und vernichtet.

Die Welt der Eltern: Milch und Fleisch

Der Entscheidung, von den zahlreichen Nahrungsmitteln ausgerechnet Milch und Fleisch näher zu analysieren, liegt die Erkenntnis zugrunde, daß beide aufgrund ihres inner- und außerkörperlichen phantasmatischen Status Objekte einer intensiven und spezifischen Besetzung sind und gleichsam die Bindeglieder zwischen dem elterlichen und dem kindlichen Körper bilden.

Die Milch

Was ist die Milch? Woher kommt sie? Auf diese Urfragen gibt es keine befriedigende Antwort, denn die Milch ist für das Unbewußte die Projektion eines mütterlichen Produktes auf das Produkt eines Tieres, das übrigens, obgleich es künstlich zu einem Totem gemacht wurde, regelmäßig getötet wird.

Um die Angst, die mit diesem hyperrealen Phantasma verbunden ist, abzuwehren, wird die Milch auch als Ergebnis einer industriellen Verarbeitung wahrgenommen, deren Hauptfunktion für das Unbewußte darin besteht, die Milch von ihrem körperlichen Substrat zu lösen. Durch diese Abstraktion wird die Milch von dem prägnanten Bild der fruchtbaren Frau, des weiblichen Tieres gereinigt, das sein Junges mit den überschüssigen Flüssigkeiten säugt, die aus dem Innersten seines Körpers hervorquellen. Dennoch existieren beide Strömungen immer nebeneinander; je nach dem Ausmaß der ödipalen Verdrängung in den betreffenden historischen Epochen wechseln malerische Darstellungen der lasziven, nur halb bekleideten Mutter mit Bildern der »Jungfrau mit Kind«, die sich durch einen verschleierten Blick und eine marmorhafte Kälte auszeichnet: Die geheimnisvolle Humoralküche des weiblichen Körpers kommt so in der Erotik der malerischen Komposition zum Vorschein, oder sie wird im Gegenteil geleugnet, wie etwa in der Frührenaissance, in der die Brust der Heiligen Jungfrau, sofern sie überhaupt sichtbar ist, mehr einer Prothese bzw. einer Wucherung gleicht als sinnlichem Fleisch.

»In allen menschlichen Gesellschaften – nicht nur in den primitiven – kommt den Körperflüssigkeiten, Blut, Sperma und Milch, eine ganz besondere Bedeutung zu.«[1] Bis ins 16. Jahrhundert hinein war die Feststellung, daß bei der stillenden Frau die Regel ausbleibt, der Beweis für ein System der humoralen Äquivalenz, in welchem die Milch nichts als »gebleichtes Blut« war. Aufgrund dieser physiologischen Ambivalenz kam der Milch bis zum Beginn unseres Jahrhunderts – durch ihr Vorhandensein oder ihr Fehlen – im weiblichen Sexualleben die Rolle eines Verbots und zugleich eines Kontrazeptivums zu: Obgleich die geschlechtlichen Beziehungen normalerweise während der Zeit des Stillens ausgesetzt wurden, aus Angst, »das Sperma verändere den Geschmack der Milch so stark, daß sich das Kind heulend von der mütterlichen Brust abwende«[2], duldete man in Wirklichkeit eine Übertretung des Verbots, die auf die Schwäche des Fleisches zurückgeführt wurde. Um das unersättliche Begehren der Frau zu stillen, wurde nach der Geburt des Kindes eine gezügelte Erotik, die ihrerseits erst ein maßvolles Stillen verbürgte, erlaubt. *Tota mulier in utero:* Aus Angst vor hysterischen Anfällen mußte zwischen Medizin und Religion, zwischen dem Begehren der Frau und dem Verbot für die Mutter ein Ausgleich hergestellt werden.

Die Muttermilch (und durch Verallgemeinerung im Unbewußten: jede Milch) ist der chemische Rückstand einer inneren »Kochkunst«, die der Frau eigentümlich ist. Die verschiedenen Lebensalter der Frau sind in eine kulinarische Alchemie eingeschrieben, die Subjekt und Objekt, Schöpferin und Geschöpf in einem ist: Zunächst von der Mutter mit deren körperlichen Absonderungen und später mit den von ihrer Hand zubereiteten Produkten genährt, wird sie später ihrerseits zum passiven, tierischen Träger der Transsubstantiation der Milch. »In seiner Abhandlung *Von der Entstehung der Tiere* schildert Aristoteles auf treffliche Weise die Serie der biochemischen Vorgänge, durch die ein Durchgang durch die Knochen vermieden wird. Blut, Milch und Sperma sind die Rückstände, die bei der Umwandlung der Nahrungsmittel im Körper entstehen, und unter diesen besitzt nur das Sperma Vollkommenheit (...). Der Mann erzeugt Sperma, weil er von heißer Wesensart ist (...). Die Frau vermag dies nicht. Sie verliert Blut, und selbst in den Momenten der größten Hitze gelingt es ihr lediglich, Blut in Milch zu verwandeln (...). So erhält man eine zweifache Folge von Umwandlungen: Nahrung – Blut – Sperma, Nahrung – Blut – Milch«.[3]

Ob Milch aus der Brust oder Milch aus dem Tetra-Pak – es handelt sich beide Male um dasselbe tierische Produkt, das vom Unbewußten nicht differenziert wird. Dieses positioniert die Milch vielmehr entsprechend seinen prägenden Grunderfahrungen als Nektar oder Ambrosia, als Gift, körperliches Allergen oder psychischen Angstauslöser: Die Milch ist die Ur-Arznei. In diesem Zusammenhang dient die unbewußte Analogie von Sperma und Milch, diese bei vielen Phobien anzutreffende Fixierung, nicht dazu, das Bewußtsein zu entlasten, auch wenn sie offenbar sorgfältig verdrängt wird. Jedenfalls geht die Ablehnung der Milch mit einer Zensur einher, so daß die davon betroffenen Personen unter Assoziationshemmungen leiden und zudem einen nicht zu unterdrückenden Ekel vor der Milch, der auf ihre individuelle Vorgeschichte zurückgeht, empfinden.[4] Die Spuren einer schwierigen Entwöhnung sind oftmals Spuren der Milch, Leidenschaften oder Phobien, die sich in Infantilität und Verhaltensstörungen niederschlagen.

Das Stillen durch die Mutter ereignet sich in einem epistemologischen Register der Leidenschaften, das niemals in den wissenschaftlichen Diskurs integriert werden kann: Jeder Wissenschaftler kann selbst dann, wenn er sich wirklich um Objektivierung bemüht, nichts anderes tun, als seinen Ur-Diskurs in Form von Milchblasen wiederkäuen ... Der Anthropologe gelangt auf der Grundlage dieses Befundes zu vorsichtigeren, wenn auch letztlich gleichlautenden Schlußfolgerungen: »Unerklärliche Abneigungen, nicht zu unterdrückende Überempfindlichkeiten und nicht in den Griff zu bekommende Allergien bleiben bestehen und wüten gegen dieses Nahrungsmittel. Dunkle Überreste aus dem kollektiven Gedächtnis, das in einer weißlichen Flut sahniger und beinahe parfümierter Milchprodukte untergeht? Überlebende Fragmente eines kulturellen Archaismus, den man als endgültig begraben betrachten darf.«[5]

Die Milch wird von den milchigen Krusten des Neugeborenen nur leicht umhüllt, die Milch löst niemals Gleichgültigkeit aus – einverleibte Grenzen jeder Geschichte, verleugneter Akteur vor allem der archaischsten Phantasmen: »Die Brust-Frau, das naschhafte Muttertier, hält unter dem Daunenbett die Suppe warm, ihre Brüste so prall wie entbeinte Poularden, angefüllt mit Sahnecreme.

– ›Das ißt man heiß ...‹, sagt sie, die Schwarte ihrer Brustspitze entblößend.

Angewidert weiche ich zurück:

– ›Aber ich will nichts mehr.‹

– ›Nimm trotzdem noch ein wenig. Wir sind hier im Schlaraffenland des guten Essens.‹

Ich lehne ab.

– ›Worüber denkst du nach?‹ fragt mich die Milch-Mutter.

– ›Ich weiß nicht, ich habe es satt, hier zu sein und zu essen … Ich habe Lust, in den Wald zu gehen … ich habe Lust fortzugehen …‹

– ›Mein Schätzchen möchte davonfliegen … Es gefällt dir also nicht mehr bei uns?‹ sagt sie, ihre Milchpakete schüttelnd. ›Bin ich denn nicht dick genug?‹

Ich mustere sie.

– ›Du bist zu dick … zu fett … zu mollig … zu weiblich … du hast eine Vagina … du bist immer naß, feucht und schwammig … man versinkt in dir … man fühlt sich bei dir immer schmutzig … man muß sich immer waschen.‹«[6]

Lyrische Beschreibung der unmöglichen Entwöhnung: Die Brust der Mutter, diese zugleich erotische und nährende Stütze, ist zunächst vor allem ein Körperteil, der in den Mund des Kindes eingeführt wird. Die Zeit nach der Entwöhnung mit ihren kannibalischen Bildern klingt an.[7] Und wenn die Mütter auch einerseits den Biß der Zähne in die Brustwarze mit dem leicht gezwungenen Lächeln einer mater dolorosa schildern, so tolerieren sie andererseits doch keinesfalls den Hinweis auf die medizinische Statistik, dergemäß sie ihre Söhne eine signifikant längere Zeit stillen als ihre Töchter. Die Lust am Saugen verpflichtet sich zur Einseitigkeit; die Mutter als Partnerin gestattet sich lediglich den Genuß überschüssiger Empfindungen, deren sexuelle Beiklänge völlig verdrängt werden. Die sanft und passiv lächelnde Jungfrau mit Kind ist das Leitbild, das im jüdisch-christlichen Unbewußten dominiert: Passivität ist hier das Schlüsselwort, denn die Mutter, dieses kleine vergängliche Kettenglied, das in diesen kurzen Augenblicken in die Unsterblichkeit eintaucht, bietet das an, was ihr Körper gegen ihren Willen produziert, und sie übermittelt ihr Eingeschlossensein in eine genealogische Kette, die bis in graue Vorzeit zurückreicht.

Als Reaktionsbildung gegen die Entwöhnung tritt im späteren Leben ein Gefühl des Ekels, ja sogar der Scham auf: Der Heranwachsende fühlt sich während der Pubertätskrise vom tierischen Charakter dieser Beziehung peinlich berührt. Der Widerwille gegen diesen früheren intensiven Körperkontakt erfüllt ihn mit einem Schamgefühl darüber, daß er dessen Ursache nicht zu meistern vermochte. Durch Verschiebung führt dies dann später, beim Erwachsenen, zu gewissen Abneigungen, gewissen Lebensmittelallergien gegen Milchprodukte, die so den herausragenden Teil des Eisbergs der unbewältigten Mutter-Kind-Beziehung bilden.

Butter und Käse

Diese konzentrierten Surrogate der Muttermilch, von denen man aufgrund fehlender Repräsentation im Unbewußten nicht träumen kann, diese verherrlichten Produkte der guten Brust oder auch verabscheuten Produkte der bösen Brust[8], sind auf dem kommerziellen Markt in großer Fülle vorhanden, so als wollten sie dem für immer verlorenen und vergöttlichten Objekt materielle Wirklichkeit und Festigkeit geben: »Jesaja hatte prophezeit, daß sich das von der Heiligen Jungfrau geborene Kind Gottes, der Erlöser, von Butter und Honig ernähren würde *(butirum et mel co-*

medet). Während der Honig die göttliche Natur symbolisiert, verweist die Butter – in diesem Abschnitt des Alten Testaments – auf die menschliche Natur Christi, ›die sich auf die Butter bezieht‹.«[9]

Die Butter ist eine fette und liebende Mutter, die sozusagen eßbar ist. Sie löst Regressionen aus, bringt die Zeit durcheinander, kurz, sie treibt einen in den Wahnsinn:

»Der Hutmacher unterbrach das Schweigen zuerst.

›Den wievielten haben wir heute?‹ fragte er, sich an Alice wendend; und dabei zog er eine Uhr aus der Tasche, sah sie bekümmert an, schüttelte sie verschiedentlich hin und her und hielt sie sich schließlich ans Ohr.

Alice dachte ein wenig nach und sagte dann: ›Den Vierten.‹

›Zwei Tage geht sie nach!‹ seufzte der Hutmacher. ›Ich habe dir ja gleich gesagt, Butter ist für das Uhrwerk nichts!‹ fuhr er fort und sah den Schnapphasen böse an.

›Es war aber echte Tafelbutter‹, erwiderte der Schnapphase sanft.

›Das schon, aber es sind eben Krümel mit hineingeraten‹, murrte der Hutmacher; ›warum hast du auch das Brotmesser dazu nehmen müssen!‹

Der Schnapphase griff nach der Uhr und schaute sie mißmutig an; dann tunkte er sie in seinen Tee und betrachtete sie nochmals – aber etwas Besseres als seine Antwort von vorher fiel ihm auch dann nicht ein: ›Echte Tafelbutter war das nämlich.‹«[10]

Tatsächlich ist »die Butter einer der zensierten Namen des Begehrens, und sie besudelt die mathematische Reinheit der Zeitmaschinen (...). Die Ursache für das Stocken der Zahnräder wird deutlich ausgesprochen: Der Diener des

Begehrens hat mit dem Messer Fremdkörper eingeführt. Wunderbare Doppeldeutigkeit: Die Schneide des Messers verweist auf Verletzung und Kastration, doch Carroll macht uns glauben, daß seine Figur das Messer wie eine Spachtel verwendet, um die Oberfläche der Butter glatt zu streichen (...) Die Schlacken des Begehrens (Brotreste) stören die Zeitmaschine (Uhr). Das Begehren wird durch Benutzung des Instruments, das kastrieren kann (Messer), entfremdet und sein Name zensiert (Butter).«[11]

Indem die Butter die Ordnung der Zeit stört, erlaubt sie dem Begehren, zu dem Zeitpunkt zurückzugleiten, an dem die Einbildungskraft schon den bloßen Gedanken an die Entwöhnung verwarf.

Die zahllosen Konnotationen der Butter verweisen uns, wie ein kleines Kind, auf Rotkäppchen, das seiner Großmutter einen Kuchen und Butter bringen wollte, die sich in Anbetracht der bösen Begierden und der großen Zähne des Wolfes als sehr zweideutig, sehr glatt und sehr klein ausnimmt.

Soriano merkt dazu an: »Man könnte daher in dem Ausdruck ›Töpfchen Butter‹, der in dem Märchen viermal vorkommt und der in gewisser Weise den kurzen Formeln gleicht, die Rolland ›Wendungen zur Übung der Zungenfertigkeit‹ nennt, ein Spiel der Wiederholung sehen. Ein solcher ›Zungenbrecher‹ aus der Champagne dreht sich gerade um ein Töpfchen Butter: ›Kleiner Topf Butter, wann wirst du dich entkleintopfbuttern? – Ich werde mich entkleintopfbuttern, wenn alle Kleinentöpfebutter sich entkleintopfbuttern werden‹.«[12]

Die sexuelle Konnotation des Begriffs »klein«, die durch diejenige des Wortes »Butter« verstärkt wird, das den deklinierten und somit semantisch akzentuierten Angelpunkt des Zungenbrechers bildet, soll die Diskrepanz zwischen dem oberflächlichen Sinn des Liedchens und den verborgenen Anspielungen betonen. Die Butter des Rotkäppchens symbolisiert seine Nicht-Entwöhnung, die gerade den verlockenden Reiz für den Wolf darstellt, der das kleine Mädchen als Überbringerin der Milch zwischen den beiden Müttern, seiner eigenen und der Mutter seiner Mutter, wahrnimmt; er kann folglich gar nicht anders, als die weibliche Kette des Begehrens zu sprengen, indem er das Rotkäppchen verschlingt ...

Der Käse, eine weniger reine und komplexere Umwandlungsform der Milch, war im Gegensatz zur Butter »verflucht«: Das *mysterium casei* mit seiner Verwandlung des Flüssigen ins Feste widerte sogar Paracelsus an. »Der Käse, dieser ekelhafte Fetisch, wird durch Entrahmung der Exkremente der Milch gewonnen; er besteht aus schädlichen Schlacken, er ist das Gerinnsel des unteren, schlammigen, irdischen Teils der weißen Flüssigkeit, die Paarung (der Koitus) der schlimmsten Substanzen, im Gegensatz zur Butter, die den besten, auserwählten und reinen Teil der Milch darstellt, ein wahrhaft göttlicher Genuß, *Iovis medulla*, das Knochenmark des Zeus.«[13]

In den Kindertagen der Menschheit führte die Infantilität des Wissens zu infantilen Sexualtheorien des urzeitlichen Erwachsenen: »Man glaubte, daß der Körper des Menschen ebenfalls aus drei Samentropfen und ein wenig Blut, die anstelle von Milch vergossen wurden und die nach Käseart gerannen, entstand.«[14]

Tatsächlich realisierte der Käse, dieses Ausscheidungsprodukt, das aus der mit Sperma vermischten Milch, die ihrerseits bereits gebleichtes Blut war, hervorging, durch seine qualitativen Wandlungen einen Ausgleich zwischen

144

den verschiedenen Körpersäften. Wenn sich die natürliche Befruchtung entsprechend diesem Prinzip nicht als erfolgreich erwies, schuf der Käse, der von ekelerregenden kleinen Tieren wimmelte, auf monströse Weise Abhilfe; daher »war der Verzehr von Käse das beste Mittel, um den Bauch zu einer Zuchtstätte für Regenwürmer, zu einem idealen Lebensraum für Spulwürmer zu machen, die widerliche kleine Larven mästeten, die ihrerseits von dem Fleisch der dummen Züchter schlemmten.«[15]

Allein die Butter war aufgrund ihrer wesensmäßigen Reinheit würdig, die Bewegung im Körper des Götterkönigs zirkulieren zu lassen.

Allgemeiner betrachtet, verweist jede Flüssigkeit auf die Muttermilch (der Alkohol erzeugt mehr als jedes andere Getränk eine archaische Erlebnisweise), jede feste Nahrung wird auf phantasmatischer Ebene als konstitutiver Bestandteil der Muskulatur und der Kraft integriert, die die Annahme der ödipalen Rivalität erlaubt. Während die Milch sofort gegeben und aufgenommen wird, muß das Fleisch als Objekt des Begehrens und der Lust an der Übertretung erobert werden. Und während die Milch nur in der imaginären Beziehung zur Mutter existiert, steht das Fleisch durch die Jagd in Beziehung zum Vater und zum Symbolischen.

Das Fleisch

Milch-Mutter des Lebensbeginns, mythische Milch-Mutter. Vegetarische Ernährung am Anfang einer paradiesischen und somit mütterlichen Welt. Weshalb wurde das Lamm eines Tages getötet und verzehrt?

»Und Gott sprach: Sehet da, ich habe euch gegeben alle Pflanzen, die Samen bringen, auf der ganzen Erde, und alle Bäume mit Früchten, die Samen bringen, zu eurer Speise.

Aber allen Tieren auf Erden und allen Vögeln unter dem Himmel und allem Gewürm, das auf Erden lebt, habe ich alles grüne Kraut zur Nahrung gegeben. Und es geschah so.«[16]

»Alles, was sich regt und lebt, das sei eure Speise; wie das grüne Kraut habe ich's euch alles gegeben.«[17]

Was also ist zwischen diesen beiden Versen des Buches Genesis geschehen? Der erste Mensch im Garten Eden war Vegetarier; dieses Ideal ist so vollkommen, daß Jesaja sich das messianische Reich, das er verheißt, nur als Rückkehr zum selben vorstellen kann: »Und Löwen werden Stroh fressen wie die Rinder.«[18] Doch zwischen den beiden erwähnten Epochen hatte Kain seinen Bruder Abel getötet, Gewalttätigkeit und Sittenverfall hatten sich der Welt bemächtigt, und Gott hatte in seinem Zorn zur Strafe die Sintflut ausgelöst.

»Da sprach Gott zu Noah: Das Ende alles Fleisches ist bei mir beschlossen, denn die Erde ist voller Frevel von ihnen; und siehe ich will sie verderben mit der Erde.«[19] Der Einbruch der Gewalt in die Geschichte wirkt sich nachhaltig auf die Ernährungsgewohnheiten des Menschen aus und läßt ihn plötzlich das unabweisbare Bedürfnis verspüren, Fleisch zu essen.[20] Jedenfalls hat sich durch den Sündenfall die Problemlage verändert: Adam, der aufgrund seines Verstoßes gegen das Verbot, das Gute und Böse zu erkennen, aus dem Garten Eden vertrieben worden war und auf diese Weise in die Geschichte eintrat, brachte dadurch gleichzeitig den Tod in die Welt. Wenn aber der Tod für den Menschen existierte, dann mußte er logischerweise auch für jedes andere Lebewesen existieren, so daß sich die zusätzliche Komplikation ergab, daß der Mensch, der plötzlich mit dem Kadaver des Tieres konfrontiert war, das Recht zum Genuß des Fleisches forderte.

Überraschenderweise gab Gott seinem Ansinnen nach: »Furcht und Schrecken vor euch sei über allen Tieren auf Erden und über allen Vögeln unter dem Himmel (...) Alles, was sich regt und lebt, das sei eure Speise; wie das grüne Kraut habe ich's euch alles gegeben. (...) Allein esset das Fleisch nicht mit seinem Blut, in dem sein Leben ist!«[21]

Die rabbinische Überlieferung betrachtet den Verzehr von Fleisch ausdrücklich unter dem Aspekt der Lust und sogar des Begehrens. So heißt es im Talmud: »Die Erlaubnis zum Verzehr des begehrten Fleisches, die Noah erteilt wurde.«[22] In einer dialektischen Umkehrung des Dogmas schließt Gott die fleischfressenden Tiere aus dem begehrten Fleisch aus; er verbietet den Verzehr der Lebewesen, die genauso sind wie der Mensch, die also Lebendes fressen. So schleicht sich auf indirekte Weise das Verbot des Kannibalismus ein; so wird der Fleischverzehr durch Verschiebung bzw. Ersatzbildung als unrein verurteilt. Das Verbot des Verzehrs von Blut – dieser Metonymie der Seele, des Lebens, des Göttlichen – bleibt indes bestehen, wobei das Fleisch auf die gewöhnliche Rolle einer vergänglichen Stütze reduziert wird.

Die christliche Exegese geht den gleichen Weg: Auf das Fleisch, den Ur-Signifikanten der verschlingenden Oralität, folgt das Fleisch, die Sünde der Liebe und der Wollust, aber die Ur-Lust wird als Lust am Verschlingen anerkannt. In diesem Sinne ist das christliche Verbot des Fleischverzehrs in der Fastenzeit zu verstehen: »Zum Genuß aber scheint die Lust zu gehören, die sich im Wohlgeschmack findet, der seinerseits zum Geschmacksinn gehört. Also betrifft die Maßhaltung die dem Geschmacksinn eigene Lust. (...) Maßhaltung betrifft die hauptsächlichen Lüste, die besonders zur Erhaltung des menschlichen Lebens gehören, sei es der Art, sei es des Einzelwesens. Bei diesen kommt etwas in erster Linie in Betracht und etwas in zweiter Linie. In erster Linie nämlich der Gebrauch eines notwendigen Dinges selbst, z.B. der Frau, die notwendig ist für die Erhaltung der Art [56], oder von Speise und Trank, die notwendig sind zur Erhaltung des Einzelwesens. Und mit dem Gebrauch dieser notwendigen Dinge ist selbst eine wesentliche Lust verbunden. In zweiter Linie aber kommt beim Gebrauch von beiden etwas in Betracht, was dazu beiträgt, daß der Gebrauch lustvoll ist, wie Schönheit und Schmuck der Frau, der Wohlgeschmack der Speise und auch der Duft.«[23]

Im 18. Jahrhundert stellte Grimod de la Reynière auf scherzhafte Weise die gleiche Serie von Entsprechungen zwischen sexuellen Objekten und Nahrungsmitteln auf. Tatsächlich »benennt die allgemeine Kategorie der Konkupiszenz, die die Kirchenväter entwickelten, die beiden Aspekte der Sünde des Fleisches: die Unzucht und die Fleischnahrung, die das Signum der Vertreibung aus dem vegetarischen Garten Eden darstellen. Ernährung und Sexualität sind im theologischen Diskurs, der sich auf den totalen Körpergenuß bezieht, untrennbar miteinander verknüpft. In der Kultur des Mittelalters wird immer wieder ein Zusammenhang hergestellt zwischen Obszönität und Schlemmerei, Ausschweifung und Völlerei (...). Grimod zeigt in seiner transgressiven Oralität, daß das Essen in eine Symbolik der Gewalt eingeschrieben ist. Bewiesen wird dies seiner Ansicht nach dadurch, daß das Essen des Kindes und der werdenden Mutter aus Früchten, Milchprodukten, feinen Backwaren, eingemachtem Obst und Keksen besteht (...). Grimod bejaht eine fleischfressende Oralität, und wenn er deren Folgen metaphorisch einkleiden will, dann verwendet er die Motive der Sexualität des Erwachsenen. Unter diesem Gesichtspunkt erzeugt er eine perverse Schrift. Das Essen wird in Metaphern des Totschlags und der Vergewaltigung ausgedrückt (...). Der Feinschmecker begeht zahlreiche Kindesmorde: junges Kaninchen, Spanferkel, junger Truthahn sind ausnahmslos halbwüchsige Opfer. Das Spanferkel ist eine geopferte Kindheit. Man muß die fleischfressende Oralität uneingeschränkt bejahen, um den ersten Biß in diesen kleinen gegrillten Körper schlagen zu können. Die eßbaren Tiere sind die Objekte, die sich der Schlemmer, Gilles de Rais, zubereitet.«[24]

Wenn man der Logik von Grimod folgt, dann stellt sich die Frage, ob der heilige Nikolaus, als er dasselbe durchmachte, den drei kleinen Kindern, die zur Ährenlese aufs Feld gegangen waren, wirklich das Leben rettete, als er sie aus dem Topf herausnahm, in dem sie so köstlich garten.

Ein weiterer, nicht der jüdisch-christlichen Überlieferung entstammender Beweis für die enge Verknüpfung von Nährendem und Geschlechtlichem, von fleischfressender Oralität und Sexualität findet sich im griechischen Mythos: »Der Prometheus-Mythos ist eng mit dem Pandora-Mythos verknüpft: der Besitz des Feuers, das für das Opfermahl benötigt wird – das heißt auf der Ebene des Mythos: für das Mahl schlechthin –, hat als Gegenstück, das sich von Zeus herleitet, den Stamm, die verfluchte Weibsbrut und die verschlingende Sexualität.«[25]

Schon in entwicklungsgeschichtlicher Hinsicht führt der Fleischverzehr das Kind in sein Erwachsenwerden ein, denn er setzt ein ausgebildetes Gebiß voraus, das als Substrat der täglichen Aggressivität fungiert. »Das Beißen [stellt] die Urform des sadistischen Impulses dar. (...) Es kann aber keinem Zweifel unterliegen, daß das Kind auf keinem anderen Muskelgebiet auch nur annähernd so große Kraftleistungen hervorbringt wie im Bereich der Kaumuskulatur. Auch sind die Zähne die einzigen Organe von genügender Härte, um auf die Objekte der Außenwelt zerstörend einwirken zu können.«[26] Die Außenwelt beschädigen heißt zuallererst, dem anderen, der mir gegenübertritt und den ich nur dadurch meinem Ich assimilieren kann, daß ich ihn mir einverleibe, wehtun, ihn beißen. So entsteht »das Stadium der kannibalischen Antriebe, in welchem Nahrungstrieb und Libido noch zusammenwirken«[27]. Die Wut aktiviert in jedem Lebensalter das orale Phantasma: »Ich fresse ihn«, schreit der Frustrierte in seiner Sieges-»Wut«. Die Analyse bringt indes zum Vorschein, daß man nur diejenigen verzehrt, die man liebt, sei es auch in negativer Form: Diese haßerfüllten Ausrufe richten sich niemals an einen Unbekannten, an eine Person, die einen anwidert oder die man verachtet, die pathologische Metapher bezieht sich immer auf vertraute Personen; die Einverleibung des Nicht-Anerkannten ist immer verboten.

Schon sehr früh entsteht beim Kind eine thematische Verknüpfung zwischen den Zähnen, dem Fleisch und dem Tod. Und das Ganze wird dann manchmal – wenngleich in unserer Zeit seltener als in den vergangenen Jahrhunderten – auch noch religiös überhöht: Wird nicht jedes verzehrte Tier mehr oder minder bewußt mit einem geopferten Tier gleichgesetzt? »Was soll aber die Einleitung zu dieser Festesfreude, die Trauer über den Tod des Totemtieres? Wenn man sich über die Tötung des Totems, die sonst versagt ist, freut, warum trauert man auch über sie? (...) Die Psychoanalyse hat uns verraten, daß das Totemtier wirklich der Ersatz des Vaters ist, und dazu stimmte wohl der Widerspruch, daß es sonst verboten ist, es zu töten, und daß seine Tötung zur Festlichkeit wird, daß man das Tier tötet und es doch betrauert. (...) Die Berufung auf die Feier der Totemmahlzeit gestattet uns eine Antwort zu geben: Eines Tages taten sich die ausgetriebenen Brüder zusammen, erschlugen und verzehrten den Vater und machten so der Vaterhorde ein Ende. (...) Nun setzten sie im Akte des Verzehrens die Identifizierung mit ihm durch, eigneten sich ein jeder ein Stück seiner Stärke an.«[28]

Nach der Freudschen Hypothese haben die Assoziationsketten – Tier, Tod, Vater, Verzehr, Lust, Schuldgefühl – auch Sinn in Beziehung zur Fleischnahrung, auch wenn diese Hypothese nicht *a priori* erwähnt wird. Sobald diese dauerhaften Verknüpfungen einmal hergestellt sind, lösen sie beim Kind ein tiefsitzendes Schuldgefühl aus, wenn es entdeckt, daß das Fleisch, von dem es ißt, von einem Tier stammt, das getötet wurde, um ihm als Nahrung zu dienen. Nun beginnt für das Kind der lange unbewußte Verarbeitungsvorgang, der schließlich dazu führt, daß es eine Verbindung herstellt zwischen dem toten Tier und dem Vater als dem Rivalen, den es zu töten gilt. Dabei tritt als notwendiges Zwischenglied der Gedanke auf, daß potentiell jedes Lebewesen getötet und verzehrt werden kann. Ist diese kannibalische Vision einer eßbaren Welt – ob sie nun einen Mythos oder ein Phantasma darstellt – nicht in jeder Psyche lebendig?

Der Fleischverzehr versetzt den Esser in eine Welt der Gewalttätigkeit, des Totschlags und der Maßlosigkeit, und zwar ganz gleich, ob man diesen Akt unter einem biologischen, anthropologischen, psychoanalytischen oder auch poetischen Blickwinkel betrachtet.

»Jedes Stück Fleisch ist eine Art Fabrik: Blutmühlen und – keltern.

Röhren, Hochöfen, Bottiche liegen hier nahe bei Stampfhämmern, Fettpolstern.

Dampf steigt auf, siedend. Düstre oder helle Feuer glühen rötlich.

Bloßgelegte Bäche führen Schlacken und Galle.

Und all das erkaltet langsam wieder zur Nacht, zum Tod.

Alsbald, wenn nicht der Brand, gehen doch andere chemische Reaktionen vor sich, die Pestilenzgerüche auslösen.«[29]

In der Literatur und im Kino werden die Freuden der fleischverzehrenden Grausamkeit entweder verdrängt oder, im Gegenteil, in einer hyperrealistischen oder auch deutlich surrealistischen Schrift beschrieben, die schon durch ihre bloße Form das Wesentliche dieser Grausamkeit leugnet. Diese Wonnen werden eigentlich nur durch die Retranskription einer ethnologischen Eßkultur, die dem Schreiber selbst fremd ist, deutlich zum Ausdruck gebracht: so in einem in Japan gedrehten französischen Film, der die halluzinatorische Vision eines von der Schwanzflosse aus in Scheiben geschnittenen lebendigen Fisches zeigt, der sich mit starr auf die Bratpfanne gerichteten Augen bereits in schwimmendem Fett brutzeln sieht.

Im Alltag werden die Fleischstücke in zwei Gruppen mit unterschiedlicher Bezeichnung eingeteilt: diejenigen, die nur in der kulinarischen Sprache existieren, wie etwa Lende, Rippenstück, Beefsteak, und die übrigen, die zugleich anatomische Bezeichnungen des menschlichen Körpers sind: Kopf, Hirn, Leber, Eingeweide, Füße. Die Fleischstücke der ersten Gruppe sind abstrakt, haben keine Beziehung zur Anatomie der Lebewesen und zeichnen sich dadurch aus, daß sie das Tier und seinen Tod leugnen, während die Fleischstücke der zweiten Gruppe sprachlich dem Katalog der menschlichen Körperteile entstammen und eine Identifizierung oder, reaktiv, das Phantasma der Nekrophagie hervorrufen. Welcher Erwachsene hat nicht schon einmal gesehen, wie ein Kind bei der Nennung dieser anthropomorphen Nahrungsmittel zurückweicht, wobei die sprachliche Doppeldeutigkeit die kannibalischen Anspielungen nur noch verstärkt?

Wir essen Körperteile, und unsere bodenständige Literatur sättigt sich genüßlich daran: Rabelais, dessen Kenntnis des Unbewußten dem Freudschen Werk in nichts nachsteht, hatte den Kutteln die Rolle von Geburtshelfern des Lebens vorbehalten: »Anlaß und Art, wie Gargamelle ins Kindbett kam, sollt ihr im folgenden erfahren, und wenn ihr's nicht glaubt, so geh euch der Hintern durch! So geschah ihr eines Nachmittags am dritten des Hornung, weil sie zuviel Kutteln geschlungen hatte. (...) Kutteln gab's überreichlich, und sie waren so lecker, daß alle sich die Finger danach schleckten. (...) Grandgousier, der treffliche Mann, hatte daran seine helle Freude und gebot, wacker einzuhauen und schüsselweise zu schlingen, sagte jedoch seiner Hausehre, sie solle nur wenig davon essen, da ihre Zeit herangekommen sei und solch Kuttelfraß nicht gerade bekömmlich sei: ›Muß einer schon große Lust zum Dreckkauen haben‹, sagte er, ›wenn er auch noch den Sack mitverspeist.‹ Doch all diesen Warnungen zum Trotz aß sie davon sechzehn *Mud*, zwei Tonnen und sechs Töpfe voll. O was für fäkalische Materie, die ihr da im Bauch bullern mußte! (...) Über eine kleine Weile hob sie an zu seufzen, zu wehklagen und zu schreien. (...) Es war aber nur der After, der ihr ausgetreten war, infolge der Erschlaffung des *rectum* oder graden Darmes (den ihr Mastdarm nennt), weil sie zuviel Kutteln gegessen hatte, wie wir zuvor berichtet haben. (…) Zufolge dieses mißlichen Umstandes wurden oberhalb die Kotyledonen der Gebärmutter gelockert, durch welche das Kind aufwärts hüpfte und in die Hohlader eindrang, dann durch das Zwerchfell bis über die Achseln hinaufschlüpfte (wo die genannte Ader sich zweiteilt), hierauf links hinüberschwenkte und zuletzt durch das linke Ohr herauskam.«[30] Die Schilderung dieser kindlichen Sexualtheorien erreicht das kindliche Unbewußte, das in jedem Erwachsenen steckt und für das die Entsprechungen Kind/Kot und Darm/Uterus offenkundig sind.

Jedenfalls wird der Appetit auf Kutteln als Erfüllung einer körperlichen Lust dargestellt, die mit einem undefinierbaren Makel besudelt ist, der ihr einen um so größeren Reiz verleiht: »*Ich gestehe*, daß ich durch die Haut der Hartwurst, der Würstchen und der Blutwurst meine Liebe zu den Kutteln endeckte. (…) Damals mochte ich auch den Bauch der Tiere. Aus dem Körperinneren von Waldkaninchen drang selbst dann ein betörender Geruch, wenn ihre Eingeweide von den Schrotkugeln zerfetzt worden waren. Ich machte mir einen Spaß daraus, die kleinen runden Kotkugeln in den Dünndarm hineinzuschieben und eine gefüllte Blase vorsichtig herauszuzupfen, um durch sie das Licht zu betrachten. Dann gab es auch noch den Bauch der Vögel. *Ohne Widerwillen* verzehrte ich die Eingeweide der Waldschnepfe, die auf gerösteten Brotscheiben angerichtet waren. Die Fische wiederum enthielten leuchtend rote oder mattrosa Lebern, Eier, die unter den Zähnen knirschten, und Milch, die ich bei Tisch als Leckerei für mich beanspruchte. Die Meerbarbe – die Waldschnepfe des Meeres – war prall gefüllt mit einer sämigen Creme, die mit einer leuchtend rosa ›Koralle‹ garniert war.«[31]

Jede Zivilisation oder soziale Gruppe hat eine andere Beziehung zu den Kutteln, so als seien sie die Projektionsfläche einer spezifischen Form der Kultur: So werden beispielsweise die Kutteln bei der florentinischen Zubereitungsart, wie sie in Italien üblich ist, in schmale Streifen geschnitten, mit Thymian, Lorbeer und Salbei, also weitgehend ländlichen Gewürzen, abgeschmeckt und mit hübscher Garnierung serviert. Je weiter man nach Süden kommt, um so stärker wird die triviale Substanz der Kutteln verherrlicht: Durch ihre Darbietung auf dem Markt in Form klebriger Bündel und ihren ekelerregenden Geruch, der noch durch den Anblick von Blut auf dem Boden verstärkt wird, werden sie wieder zum Gedärm, projizieren sie den Tod ins Gesicht des Feinschmeckers, stimulieren sie seinen Geruchssinn und erzeugen sie eine orale erotische Erregung, in der die Analität regiert. In denselben südlichen Gefilden werden die Kutteln sodann mehreren Reinigungs-, Spül- und Blanchierungsvorgängen unterzogen, bei denen sie gebürstet und abgeschabt werden, um die Fäkalien zu beseitigen: Hierbei benutzen die Zwangsneurotiker Seife, während die Geschmackspuristen Essigwasser verwenden und die Menge der Brühe abschätzen, die man braucht, um das Geschmacksspektrum zur vollen Entfaltung zu bringen. Die Erregung, die gewissen oralen Genüssen vorausgeht, steht mit dem Abhängen, der Fäulnis, dem Exkrement und dem Urin in Zusammenhang (soll man die Nieren vor dem Kochen wässern oder nicht?).

In Südfrankreich, dem Nahen Osten und in Nordafrika fügt man dann verschiedene Öle, Gewürze, Tomaten und vor allem Garnierungen hinzu. In Paris und anderswo dagegen werden die Kutteln oftmals rot, klebrig, cremig, heiß und scharf serviert – Wonnen des Todes, des Kots, der Gewürze, einer Berührung und des Geschmacks in einem einzigen Bissen.

Wer keine Kutteln ißt, trinkt Blut, wie die Hexen am Hexensabbat. Während das Blut im Alten Testament die Seele versinnbildlichte, ist es heutzutage, ohne daß wir uns dessen bewußt sind, die flüssige Kraft, die dem Fleisch Konsistenz verleiht. Im 19. Jahrhundert riet man den blutarmen Tuberkulosekranken, Schlachthäuser aufzusuchen und dort das noch warme Blut der frisch geschlachteten Tiere zu trinken; und diese folgten dem Rat, indem sie zum Frühstück einige tüchtige Schlucke Blut zu sich nahmen. Heutzutage manifestiert sich die Manneskraft des feinfühliger gewordenen (bzw. weniger kranken) Europäers im Kult des Beefsteaks mit Pommes frites. »Das Beefsteak gehört zur selben Blutmythologie wie der Wein. Es ist das Herz des Fleisches, das Fleisch im Reinzustand, und wer es zu sich nimmt, assimiliert die Kräfte des Rindes. Ganz offenkundig beruht das Prestige des Beefsteaks auf seinem fast rohen Zustand: Das Blut ist sichtbar, natürlich, dicht, kompakt und zugleich schneidbar. Man kann sich das antike Ambrosia gut von einer solchen Art schwerer Materie vorstellen, die unter den Zähnen sich auf eine Weise mindert, daß man zugleich seine ursprüngliche Kraft und seine Fähigkeit zur Verwandlung und zum Sichergießen in das Blut des Menschen spürt. Das Bluthafte ist der Daseinsgrund des Beefsteaks, die verschiedenen Grade seiner Gebratenheit werden nicht in Kalorieneinheiten ausgedrückt, sondern in Bildern des Blutes: Das Beefsteak ist *saignant* (blutend) (es erinnert dann an den Blutstrom aus den Arterien des getöteten Tieres) oder *bleu* (blau) (hier wird auf das schwere Blut, das volle Blut der Venen verwiesen, und zwar durch das Violett, den Superlativ des Rots). Die Gebratenheit, auch die nur vorsichtige, kann

nicht rundheraus ausgedrückt werden, für diesen wider-
natürlichen Zustand bedarf es eines Euphemismus: Man
sagt, daß das Beefsteak *à point* ist (wörtlich: auf dem
Punkt, genau richtig), was eigentlich mehr eine Grenze an-
geben heißt als einen abgeschlossenen Zustand. Das Beefsteak *saignant* essen ist also ein zugleich natürlicher und
geistiger Akt.«[32]

Die Vegetarier

Wenn das Fleisch in engem Zusammenhang mit der perversen Sexualität steht, dann müßte die vegetarische
Ernährung entsprechend dieser Hypothese logischerweise
mit der psychischen Gesundheit, dem sittlichen Verhalten
verbunden sein: So stellt sich die Frage nach der Option
des Vegetarismus, die häufig mit der einer biologischen
Ernährung ohne Pestizide und Kunstdünger verknüpft ist.

Folgt aus der Freudschen Interpretation der Tötung des
Totemtiers, die auf den ödipalen Konflikt verweist, und der
Ablehnung dieser Tötung, die mit einer Verherrlichung der
Unschuld der Pflanzen einhergeht, die Verneinung jeglicher Gewalttätigkeit und jeglichen Aggressionswunsches?
Hierin manifestiert sich ein allumfassender Naturkult,
demgemäß die Natur ihre Wohltaten von selbst austeilt
und die Hand des Menschen grundsätzlich nur eine negative und zerstörerische Wirkung zeitigen kann; die Vegetarier essen kein Gemüse und kein Obst, sondern Seelen-
güte, sittliche Gesinnung und Tugendhaftigkeit. So ersteht
aufs neue eine Welt vor dem Sündenfall.

Diese lyrische Beschwörung einer vollkommenen Gesellschaft erinnert an die Welt des sanftmütigen Bernardin
de Saint-Pierre, die »natürliche« Reinheit von Paul und
Virginie, ihre Danklieder über die Wohltaten der Natur, in

der sich der Vegetarismus natürlich von selbst versteht.[33] Ohne sich wie dieser zu der Behauptung zu versteigen, daß »die Rippen auf der Außenseite der Melone beweisen, daß diese zum Verzehr im Familienkreis bestimmt ist«[34], verankert der Vegetarier die Ordnung in der Natur und die Unordnung in der Familie, wie der Vater sie gezeugt hat. Dieser Vater, der Gott und Teufel zugleich ist, verkörpert den Wegbereiter der Zivilisation; er ist derjenige, der als Strafe für den Sündenfall das Kleidungsgebot durchgesetzt hat (daher seine häufige Beziehung zum Nudismus); schließlich ist er vor allem derjenige, durch den das Ärgernis kommt. Denn für den Vegetarier repräsentiert der Vater die Gewalt der Urszene, und er wirft der Gesellschaft vor, diese Gewalt durch den Akt der Heirat offiziell anzuerkennen. Daher seine Verachtung für diesen Typ von Institution. Diese scheinbare Finalität, diese deterministische Entschlüsselung einer Welt, die keine Nahrungsketten kennt, nicht weiß, daß sie notwendig sind und wie gefährlich es ist, sie zu zerbrechen, ist somit in Wirklichkeit eine versteckte Anklage – versteckt, weil der Ankläger sich selbst gänzlich verleugnet.

Die sexuellen Beziehungen zwischen den Eltern und der ödipale Konflikt, der um so heftiger ist, als er völlig geleugnet wird, manifestieren sich dank einer Verschiebung in der täglichen Anprangerung der Tötung des Totemtiers. Diese Weltanschauung stützt sich überdies auf eine anthropomorphe Wahrnehmung des Tieres, wie sie in unserer Kultur der Comics und der Zeichentrickfilme häufig anzutreffen ist, und auf eine regressive Identifizierung mit dem Tier. Der Rest ist im Grunde nichts anderes als eine Rationalisierung aus Abwehr, eine Art Feststellung: In Wahrheit bringt man mich um … Die Vegetarier erlauben sich ein Beziehungsverhalten, das darin besteht, die anderen zu beschuldigen, ohne es wirklich zu tun. Dadurch erzeugen sie ein latentes Schuldgefühl, das darauf abzielt zu beweisen, daß der Kern des Problems woanders liegt.

Die Nahrung des Allesessers ist eine Nahrung der Lust, die biologische Ernährung ist eine Ernährung der Vernunft. Der Körper des Menschen entsteht aus den Keimzellen von Vater und Mutter: Er erhält sich, wächst und gedeiht durch die Nahrung, die ihm dank der Arbeit des Vaters und der Liebe der Mutter zugeführt wird. Wenn das Essen darin besteht, einen Teil der Außenwelt ins eigene Ich zu integrieren, dann gehört der »biologisch bewußte« Esser zu den wenigen, die die Sache ernst nehmen und die das Problem so angehen, wie es ihre Eltern ihrer Meinung nach gerade versäumt haben. Er erklärt ausdrücklich, daß er nicht wie sein Vater in die Außenwelt beißen, sie beschädigen und töten will, um sich selbst zu erhalten; im Gegenteil, durch die Umstellung seiner Ernährung wird er phantasmatisch, durch eine »wissenschaftliche« Selbstzeugung zu seinem eigenen Sohn.

Sich besser auf die Zeugung des eigenen Körpers verstehen als die Eltern, ihn empfangen entsprechend einer Ideologie der Reinheit und nicht in der todbringenden tierischen oder sexuellen Gewalt (die auch das Phantasma bestimmt) – genau dies treibt das Subjekt in alle Erscheinungsformen des Sektierertums. Das Zeugnis kann die Grenzen des Absurden streifen: Während Bernardin de Saint-Pierre uns heute wegen seines Hangs zur Idyllik naiv erscheint, erinnert uns der unanalysierte Radikalismus des Vegetariers, der, etwa bei bestimmten makrobiotischen Ernährungsweisen, bis zum indirekten Selbstmord gehen kann, an eine Form des Wahnsinns. Wer sich ausschließlich von Reis ernährt, bringt damit den unbewußten

Wunsch zum Ausdruck, die väterlichen Keimzellen zu töten oder genauer auszuhungern, und dieses Verhalten, das einem Selbstmordversuch gleicht, ist oft nichts anderes als eine verzögerte oder verschobene Tötung des Vaters durch Vernichtung des eigenen Körpers.

Der Verzehr nicht-aggressiver (oder nicht aggressiv besetzter?) biologischer, natürlicher Nahrungsmittel ist ein phantasmatischer Prozeß der zellulären Rekonstitution durch Veränderung der ursprünglichen Basis, »und bedeutet überdies gewissermaßen eine Änderung des Erbgutes des Kindes, das man selbst zeugen wird; dieses wird nicht mehr in gerader Linie der Ahnenreihe des eigenen Vaters, sondern einer anderen, phantasmatischen Linie entstammen, die weniger gewaltbesetzt und somit in der Zukunft weniger zu fürchten ist«.[35]

Das Phantasma der höchsten Aggression gegen den eigenen Vater besteht darin, ihm Nachkommen zu schenken, deren Abstammung von ihm einerseits bejaht, andererseits – auf phantasmatischer Ebene – verneint wird. Übrigens begreifen die Familien ganz genau, daß sie wegen ihrer inneren zellulären Konstitution, die auf unsichtbare Weise die Gewalttätigkeit der äußeren familiären Gemeinschaft verkörpert, abgelehnt werden. Diese Wiederaneignung der eigenen Abstammung enthüllt so ihre eigentliche Bedeutung: die Vollendung des Vatermordes und die Herrschaft des phallischen Tier-Kindes.

Symphonie der Oralität

Erster Satz (andante): Der Kannibalismus der Liebe

Eine Mutter und ihr Säugling: zwei Körper, zwei Münder, vier Hände und zwischen ihnen eine gemeinsame Fläche für Spiele, sich ineinander verschlingende Münder und Körper. Über ihre Säuglinge sagen die Mütter, sie hätten sie zum Fressen gern.[1] Ein zärtlicher, alltäglicher Kannibalismus, der in einem Moment höchster Freude die geheimsten Phantasmen der Eltern-Kind-Beziehung aufruft und der auf indirekte Weise einige Jahre später, abends, beim Hören eines Märchens erneut auftaucht. Ein Schamgefühl, eine Hemmung, »eine Angst vor dem Wiederauftreten«[2] blockieren die Erinnerung an diese Entwicklungsphase, die in jedem von uns schlummert und die mehr oder minder bewußt verdrängt wird. Tatsächlich ist dies kennzeichnend für die vielfältigen Hemmungen, die die Oralität als ein umfassendes Funktionssystem umgeben, denn im Gegensatz zu einem oberflächlichen Eindruck ist bislang weder der Atem noch der Geruchs- und Geschmackssinn gründlich analysiert worden. Das Archaische erstickt, die Arbeiten über die erste Stufe der Individualentwicklung vermitteln den diffusen Eindruck einer künstlichen Einschließung in die Worte, denn die Haut kann nicht sprechen.

In diesem Liebesspiel zu zweit, das manchmal zu einer »folie à deux« ausarten kann[3], sind Mutter und Kind abwechselnd Subjekt und Objekt, aktiv und passiv, zärtlich und brutal, aggressiv und lustvoll, wobei die Mutter in sich ihre eigene kannibalische Phase wiedererlebt, während sie gleichzeitig dem Kind beibringt, in den Grenzen der wechselseitigen Lustbereitung den Trieb zu erkennen und zu beherrschen. Die Zärtlichkeit ist hier nichts als Schein, als ein Köder, denn »das orale Verlangen hat einen anderen Sinn als die Stillung des Hungers«[4]. Es gibt auch die Vorstellung, daß sich das Subjekt nach seiner Geburt nicht bloß vom Brot der Bereitwilligkeit des anderen ernähren muß, sondern in der Tat vom Körper desjenigen, der ihn ernährt. Denn man muß die Dinge bei ihrem Namen nennen – die sexuellen Beziehungen, durch die die Beziehung zum anderen in eine körperliche Vereinigung mündet. Und die radikalste Vereinigung ist die ursprüngliche Einverleibung, wo sich, ins Visier genommen, der Horizont des Kannibalismus abzeichnet, der die orale Phase gemäß ihrer Bedeutung in der analytischen Theorie kennzeichnet.[5]

Unvorstellbares kindliches Phantasma eines Körpers in der ganzen sinnlichen Ausdehnung seiner Haut, verschlungen und verschlingend, und dessen existentielle Nahrung, die durch den weit geöffneten Mund aufgenommen wird, nur das Leben selbst jener Person sein kann, auf die man sich indes in den Momenten der Ur-Hilflosigkeit stützen muß. Der einladende, leckere und wohlriechende Körper der Mutter (»Das riecht nach Mutter«, sagen die Kinder), höchster Leckerbissen für das unendliche orale Verlangen des Kindes: Eben dies ist die »kannibalische Oralität«, die zu Freuds Zeiten ein revolutionärer Begriff war, der aber mittlerweile so abgenutzt ist, daß die Lust an der liebevollen Einverleibung, die zerstörerisch wirkt und gleichzeitig das Triebleben strukturiert, uns heute nur noch in einer durch die Kodifizierung des Wissens verkümmerten Form erreicht. Das Mund-Kind erzeugt seine Eltern, so wie es von ihnen erzeugt wird, und wenn sein Phantasma der Zerstörung konstruktiv wirkt, so deshalb, weil es auf verschmelzender Einverleibung basiert, die unter Entlehnung des nächstliegenden Materials erfolgt.

Dieses Spiel und seine Verarbeitung bilden die Grundlage der weiteren Entwicklung: In einer ersten Phase wird sich das Kind in dem Gefühl der Fülle, das durch den Mund des anderen ausgelöst wird, der verschiedenen Zonen seines Körpers bewußt; in einer zweiten Phase erkennt es sich als eigenständiges Wesen, in einer dritten Phase, die gleichzeitig mit der zweiten Phase verläuft, entwickelt es Vertrauen in die »Zuverlässigkeit seiner Mutter«[6] und in die eigene Zuverlässigkeit. Die Gesamtheit dieser nichtbewußten Zeichen führt dazu, daß es sich als ein potentielles Liebesobjekt erkennt, und sie wirkt als Verstärkung des primären Narzißmus und Beginn der Entwicklung des sekundären Narzißmus.

Dieser zwar nicht ideale, aber wünschenswerte Ablauf einer konstruktiven Mutter-Kind-Beziehung kann durch vielfältige familiäre Ereignisse beeinträchtigt werden, angefangen von mehreren dicht aufeinanderfolgenden Geburten bis hin zu einem libidinösen Besetzungsentzug. Den klinischen Beweis hierfür liefert der Anblick gewisser Kinder, die, oft aus kinderreichen Familien stammend, eine gebückte Haltung und eine blasse Hautfarbe aufweisen, so als fehle ihnen die Kraft, ihren vitalen Körperraum auszufüllen. Da diese Kinder niemals die Erfahrung einer antiödipalen libidinösen Besetzung durch ihre Eltern gemacht haben, leiden sie augenscheinlich unter einem Gefühl der »Unterbesetzung«[7]: Sie sind »traurig«, fühlen sich wertlos, überflüssig[8], haben kein Selbstvertrauen, es fehlt ihnen jenes »Strahlen«[9], jene widerstandsfähige Libido, die bei libidinös besetzten Kindern deutlich sichtbar ist. Ein weiterer Befund, der mit dem vorangehenden in Zusammenhang steht: Der »schlechte« Kontakt zwischen der

Haut und den Mundschleimhäuten von Mutter und Kind erzeugt mitunter psychosomatisch bedingte Hauterkrankungen wie Ekzeme, Akne, Nesselsucht und Aphthen.

Kurz, diese Kinder sind »häßlich«, weil sie nicht geküßt, sanft gebissen, gehätschelt, gesäugt und beschnuppert wurden[10]; der Körper und die körperlichen Funktionen des Säuglings sind eine Droge, die dem Libidohaushalt der Eltern injiziert wird, und dies glaubt das glückliche Kind alle Tage zu erleben, bis zu dem Augenblick, an dem es spürt, daß seine Allmacht zu Ende ist, wenn es sich bewußt wird, daß seine Mutter eine regelrechte »Zensur der Liebenden«[11] ausübt. Dann erkennt das Kind, daß es nicht oder nicht mehr in der Lage ist, all ihre Wünsche zu erfüllen. Dieser mit einem starken Kastrationsgefühl verbundene Augenblick markiert das Ende des reinen Kannibalismus der Liebe und den Übergang, der ein vager Fortschritt auf dem Weg der Sublimierung darstellt, in eine Phase, in der Kind und Eltern sich gemeinsam an den Märchen und ihren schrecklichen Begebenheiten erfreuen.

Zweiter Satz (pianissimo):
Das Märchen, ein »Quasi-Traum«

Man kann eigentlich nicht von der Erotik der Welt des Mundes sprechen, ohne auf die »grundlegende Oralität des Märchens« einzugehen.[12] Dieses spielt sich nämlich ausschließlich in der Welt des oralen Phantasmas ab und erzählt nur, ohne es ausdrücklich zu sagen, von Speiseverboten, dem Verbot des Kannibalismus und dem Inzestverbot. Das Eigentümliche an seiner paradoxen Perversität besteht dabei gerade darin, daß es nur die Gegensätze dieser Verbote inszeniert.

»Vielleicht muß man in einer *ursprünglichen und un-differenzierten* ›Oralität‹ die Erklärung für den engen Zusammenhang zwischen dem Inzestverbot und dem Verbot des Kannibalismus suchen. Diese Oralität ist nur hinter ihren sexuellen und ernährungsbezogenen Spezifikationen, das heißt hinter durchweg kulturellen Formen, nachweisbar. (…) Da der Kannibalismus ohne Gesetz eine reine Phantasie ist, ist der wirkliche Kannibalismus nicht die Oralität selbst, sondern deren soziale Reglementierung. Die Oralität erklärt somit nicht den wirklichen Kannibalismus, sondern den Kannibalismus, den man sich jenseits dieser Reglementierung vorstellt: Denn *diese undifferenzierte und niemals als solche faßbare Oralität* ist auf eine imaginär vage, allesverschlingende und lebendige Weise in der engen körperlichen Berührung präsent.«[13] Diese imaginäre Oralität, die sich definitionsgemäß jeder Beschreibung entzieht, diese Welt, die sich das bewußte Denken nur unter kulturellen und somit der Triebabwehr dienenden Formen (die zwangsläufig entstellend sind) vorstellen kann, findet in Mythen und Märchen ihren Niederschlag. »Das Märchen ist der Versuch der Metaphorisierung des Mythos«; zudem »gehört es zu der mündlichen Überlieferung, in der das Geheimnis von Geburt und Tod in einer versteckten Rede ausgesagt wird, die nur das Unbewußte vernehmen kann.«[14]

Wie die Dichtung kennen auch die Märchen die Sprache der Triebe, und sie übersetzen deren zerstörerische Gewalttätigkeit mit Milde und Zärtlichkeit; die Eltern flüstern dem Kind gleichsam direkt aus ihrem Triebleben die Grundwahrheiten des Unbewußten zu und beschreiben ihm, oft im Augenblick des Einschlafens oder in den Momenten »kannibalischer Zärtlichkeit«[15], den nächtlichen

Kodex, der im Gegensatz zu dem Sittenkodex steht, der am hellichten Tag gilt.

Gewiß enthält die Tatsache, daß die Eltern laut über die unbewußte Welt des Kindes sprechen und diese ordnen, für das Kind ein Moment der Rückversicherung. Dies hilft dem Kind, seine Verankerung in der oralen Welt zu überwinden[16], und drängt es gewissermaßen hin zu einer »objektorientierten Genitalität«[17]. Das Märchen wird so zum Dompteur des Trieblebens, indem es laut und vernehmbar (vor allem, wenn die Eltern erzählen) den dunklen, wirren Phantasmen Ausdruck verleiht, denen sich das Kind ausgeliefert fühlt und die es ansonsten nur durch das magische Denken steuern könnte.[18]

Zweifellos ist auch die Urnatur der kannibalischen Triebe der Erwachsenen in Betracht zu ziehen: Diese sollen, kraft ihrer Vorbildwirkung, den Kannibalismus des Kindes induzieren, denn im Grunde handle es sich weniger um eine Reaktivierung der kindlichen Triebe als um deren Mobilisierung; auf dieser Ebene solle ein Einverständnis zwischen Eltern und Kindern existieren, das jedoch über eine unbewußte Zweckgerichtetheit zum Sprecher und Hörer hin schweigt. Das Märchen wirke so zugleich triebauslösend und triebhemmend.[19]

Tatsächlich gehört das Märchen in die Kategorie des »Als ob«: Die Eltern schildern dem Kind ihre orale Triebwelt so, »als ob« sie diese überwunden hätten, »als ob« sie weit hinter ihnen läge und von ihrem Ich durch die Schranke des Über-Ichs und die Entwicklung ihrer genitalen Persönlichkeit getrennt sei. In Wirklichkeit handelt es sich um ein lustvolles Versteckspiel um den Trieb, in dem Eltern und Kinder, die von einer erregenden und köstlichen Angst gequält werden, Phantasmen beschwören, die das Reale bannen und die Phase sanfter Zärtlichkeit, die am Beginn ihrer Beziehung stand, zurückholen sollen.

Doch »im Spiel des Begehrens sind die Würfel gefälscht und die Karten gezinkt«[20], und die Grundwahrheiten des Trieblebens werden in ihrer ganzen Urgewalt ausgetragen.

– Wahrheit über die orale Gier der Eltern, ihre übersteigerte Egozentrik und ihre auf die Kinder gerichteten Mordtriebe. Das Beispiel des *Kleinen Däumlings* veranschaulicht dies auf hervorragende Weise: Ein Holzfäller und eine Holzfällersfrau setzen ihre Kinder aus Nahrungsnot im Wald aus und kehren dann in ihr Haus zurück. »Als der Holzfäller und die Holzfällerin gerade zu Hause ankamen, sandte ihnen der Gutsherr zehn Taler, die er ihnen seit langem schuldete und mit denen sie nicht mehr gerechnet hatten. Das ließ *sie* zu neuem Leben erstehen, denn die armen Leute starben bald vor Hunger. Der Holzfäller *schickte sogleich* seine Frau zum Fleischer, und da sie so lange nichts mehr gegessen hatten, *kaufte sie gleich dreimal soviel Fleisch, wie sie für ein Abendessen für zwei Personen brauchte. Nachdem sie sich satt gegessen hatten*, sagte die Holzfällerin: ›Ach, wo sind unsere armen Kinder? Sie hätten ein üppiges Mahl *an dem, was hier übriggeblieben ist.* [...] Ach mein Gott, vielleicht haben die Wölfe sie *schon* gefressen!‹«[21]

Soll man die traditionelle Abwehrhaltung bewahren und darin die Inszenierung der infantilen oralen Gier sehen? Geben die Eltern denn damit nicht stillschweigend zu erkennen, daß ungeachtet ihrer Liebe zu ihren Kindern in ihrem Unbewußten ihr persönliches Überleben alles andere überwiegt? Zahlreiche Details deuten darauf hin, daß für die Erwachsenen, ganz gleich welches Mißgeschick ihren Nachkommen widerfährt, die Lust daran, sich satt zu essen, die ureigenste Grundlage des Genusses bildet. Schlimmer noch: Sie weisen nicht minder deutlich auf die Eßlust und das egoistische Unbewußte dieser Eltern hin, die ihren sieben Kindern nur die Reste ihrer eigenen Mahlzeit übriglassen.

– Wahrheit über die elterlichen Inzestwünsche: In dem Märchen *Eselshaut* wird der König zunächst als ein guter Mensch, ein treuer Ehemann und ein liebevoller Vater dargestellt. Das Liebesverlangen nach seiner Tochter ergreift ihn unvermittelt nach dem Tod seiner Frau (was den ödipalen Traum des Kindes verdeutlicht, aus der schützenden inzestuösen Dreieckskonstellation in die duale Verschmelzung überzugehen) als ein »natürliches« Begehren, das ihn, noch immer auf eine genauso »natürliche« Weise, dazu bringt, diese Tochter mit Geschenken zu überhäufen, um sie zu verführen und letztlich zu kaufen.

Bei dem Kind, das der Schilderung der Liebe dieses Vaters mit den infantilen Sexualtheorien aufmerksam folgt und sich daran labt, ruft diese Erzählung die undeutliche Vorstellung eines Mannes wach, der seiner Tochter viele prächtige Geschenke macht, worin zwar eigentlich die höchste orale Freude besteht, aber seine Geschenke sind gewissermaßen mit Urin und Kot beschmutzt: Das ist eine mögliche Deutung des Ursprungs der Forderungen von Eselshaut, die sich ohne den Schutz ihrer Mutter nackt fühlt und die immer prachtvollere Kleider – in der Farbe des Mondes und der Farbe der Sonne – verlangt. Hier hat die Pracht die doppelte Funktion, den Makel des Anerbietens zu verhüllen und die Bedeutung der Kleidung als Schutz gegen den inzestuösen Blick zu unterstreichen.

Ist dies dennoch die Beschreibung der ödipalen Liebeswünsche des Kindes, und ist der Trieb dabei nicht in sein

Gegenteil verkehrt? Wenngleich sich die Eltern mit dem Kind in einer Sprache unterhalten, die es versteht, so sind sie es doch, die im Diskurs die Gegenseitigkeit des Begehrens verschlüsseln.

– Wahrheit über den Glauben an eine orale Schwangerschaft: »Manchmal ist die Menschenfresserin in den Märchen auch eine unfruchtbare Frau, die das Kind einer anderen Frau verschlingen möchte«.[22] Wenn die Rabenmutter darauf verzichtet, den Knirps zu fressen, dann vergiftet sie ihn, um sich seiner besser bemächtigen zu können und ihn zu vernichten: Die böse Stiefmutter reicht Schneewittchen einen vergifteten Apfel[23], denn der Tod ist die Strafe der verbotenen Lust (den Apfel mit großen Bissen essen!). In der Analyse erinnern sich die Erwachsenen mit Schaudern an den Zeichentrickfilm von Walt Disney, in dem die Stiefmutter Schneewittchen den giftigen roten Apfel[24] verlockend in ihren krummen, dürren Fingern darbietet, denn dieses Bild scheint auf archetypische Weise die infantile Angst vor dem Tod zu verkörpern.

Man könnte beliebig viele weitere Beispiele für die beiden Muttertypen, die gute Mutter und die Rabenmutter, die in jeder Frau stecken, finden: Da sich die Kurve der mütterlichen Ambiguität der Geraden der kindlichen Ambivalenz beliebig nähert, ohne sie je zu erreichen, erzeugt diese Nicht-Begegnung zahlreiche Erzählungen und Legenden.

– Wahrheit über den Vorrang der oralen Lust: Die Oralität des Märchens wurde oft als eine sexuelle Metapher gedeutet und führte so zu einer Neubewertung der jeweiligen Bedeutung der verschiedenen erogenen Zonen. So wird in dem Märchen *Die törichten Wünsche* einem armen Mann die Erfüllung von drei Wünschen versprochen; doch er vertut die einmalige Gelegenheit. Nachdem er beschlossen hat, bis zum nächsten Tag zu warten, um sich einen vernünftigen Wunsch auszudenken, trinkt er während einer wohlverdienten Ruhepause vor dem offenen Kamin Wein und sagt: »Wo wir nun eine so schöne Glut haben, käme mir eine ellenlange Blutwurst gerade gelegen.«[25] Seine Frau entgegnet wütend: »Wenn man ein Königreich gewinnen kann, Gold, Perlen, Rubine, Diamanten und schöne Kleider, muß man sich da eine Blutwurst wünschen?«

Der Ausgang des Märchens ist bekannt, und Soriano[26] stellt, darauf Bezug nehmend, die Frage: törichte Wünsche oder ausschweifende Wünsche? In einer Anmerkung zu diesem Märchen (in dessen deutscher Version übrigens von Bratwürsten und nicht von einer Blutwurst die Rede ist) betont Freud, der sich nicht beirren läßt, daß der Traum eine »Wunscherfüllung-Angsterfüllung-Straferfüllung« sein könne.[27]

Weshalb soll dieses Märchen »ausschweifend« im klassischen Sinn dieses Wortes sein? In dem Alter, in dem das Kind das Märchen hört, versteht es ohne weiteres die Entscheidung für die Schlemmerei in einem Moment der Entspannung, und für jeden von uns ist die Vorstellung, eine »Blutwurst« oder eine andere Leckerei zu verzehren, mit einem größeren unmittelbaren Lustgefühl verbunden als die Vorstellung, ein Königreich oder Diamanten zu besitzen … Daß in diesem Märchen die orale Lust auch die verschobene Erfüllung eines skatologischen Triebes darstellt, ist offenkundig … Daß beim Erwachsenen all dies mit sexuellen Phantasmen verbunden ist, läßt sich nicht bestreiten … Erogene Triebe und Zonen sind im Genuß unentwirrbar miteinander verknüpft, und die Berücksichtigung der einen wie der anderen ist nicht besonders aufschlußreich. Die Quintessenz dieser Erzählung, ihr all-gemeingültiger Kern sozusagen, ist die Anerkennung der Tatsache, daß *das Orale das Primäre ist.* Der einfältige Mann, der seine Triebe sprechen läßt, bringt einen sowohl im Augenblick der Ruhe wie in dem der Entspannung tief im Unbewußten vergrabenen Wunsch zum Ausdruck, ein Völlegefühl zu spüren. Ist dies nicht ein ursprünglicher Wunsch, der einer mächtigen Verleugnung der Urangst vor der Verlassenheit entspricht? Der erotische Trieb wirkt mit-unter auf dem Spielfeld der Ernährung, mitunter auf dem der Sexualität; aber die Verneinung der Erotik des Es-sens[28], die doch eine der Grundlagen der Sexualität bildet, stellt eine Verkümmerung der Theorie dar, die durch eine stereotype Herabwürdigung des Phantasmas erkauft wird. Das Orale ist zuerst da, die Verflechtung der Triebe kommt danach.

Das Märchen ist zugleich Höhepunkt und Ende einer Welt, denn gerade der Schluß des Märchens (»Sie heirateten und hatten viele Kinder«) markiert das Ende der Herrschaft des Mundes und nicht den Eintritt in die Sexualität des Kindes. Diese Heiraten besiegeln den Tod des archaischen Triebes und seine Welt, in der sogar der Inzest rein ernäh-rungsbezogen ist.

Das Märchen ist das Gebiet der grenzenlosen Freude, in dem die Wörter nicht gehört, sondern verzehrt werden und einen guten oder schlechten Geschmack besitzen; so ernähren und laben sich Eltern und Kinder an den Trieb-quellen, wo sie die Genealogie des Phantasmas wiederfin-den.

Das Ende des Märchens ist das Ende der magischen Welt der Abzählverse und der Zauberformeln, so daß der Erwachsene in den Netzen des Rationalen gefangen wird.

Dritter Satz (allegro ma non troppo):
Die Gastronomie der Affekte

Jeder, Psychoanalytiker wie Laie, weiß, daß jeder Mensch zu der von seiner Mutter zubereiteten Nahrung eine ganz besondere Beziehung hat. Wir haben dies bereits früher angesprochen[29] und müssen daher die Existenz einer »Gastronomie der Affekte« anerkennen, die das Ergebnis der Verarbeitung der Nahrungsmittel durch ein geliebtes Wesen ist, einer Verarbeitung, die mit einem unaussprechlichen, unnachahmlichen Reiz verbunden ist – einem Geschmack, einem Duft, irgend etwas –, der beim Subjekt ein sich ständig erneuerndes Begehren auslöst. Da die Mutter, von der man abstammt, eine orale Mutter ist, ist das Reden über das Essen in der Analyse eine Weise, vorbewußten Vorstellungen den Zugang in einen Diskurs zu eröffnen, der von früher Kindheit an höchst individuell kodiert ist. Beim Zuhören kommt ein viertes (oder fünftes) Urphantasma zum Vorschein, das die wichtigste, unbewußte Triebfeder zahlreicher psychoanalytischer Therapien darstellt: die Rückkehr zur mütterlichen Brust, in den paradiesischen Garten Eden. Dieser therapeutische Mythos einer gewünschten und wünschenswerten Regression erlaubt es, das Leiden neu einzuschreiben, ihm einen neuen Ursprung zuzuweisen, die Verletzungen der Frühzeit zu heilen. Es handelt sich um nichts weniger als den Wunsch, auf die historischen Spuren einzuwirken und gleichzeitig die Figur der Mutter und die tödliche Faszination ihrer Brust unter Kontrolle zu halten. Allerdings zeigt sich schon bald, daß sich die Spuren des seit der Geburt Erlebten nicht beseitigen lassen, denn dies liefe auf eine Aufhebung der Einschreibung in eine Geschichte hinaus: Der Patient erkennt demnach, daß die Rückkehr zum – guten oder schlechten – Ursprung kein automatischer Regressionsprozeß ist, sondern eine Konstruktion *hic et nunc.*

Die Einverleibung führt über einen komplexen Prozeß zur Introjektion, und dies bereits in der Kindheit[30]: »Die von Freud zuerst festgestellte unbewußte Identifizierung grobsexueller genitaler Funktionen mit denen der Mundorgane (Essen, Küssen) ist ein Beispiel dafür. Bei der Naschhaftigkeit Hysterischer, bei ihrer Neigung, unverdauliche oder schwerverdauliche Dinge (unreifes Obst, Kreide usw.) zu essen, bei der eigentümlichen Sucht nach Speisen von fremden Tischen, bei ihrer Vorliebe oder Idiosynkrasie gegenüber Speisen von gewisser Form oder Konsistenz, konnte ich in zahlreichen Analysen feststellen, daß es sich um die Verschiebung des Interesses von verdrängten erotischen (genitalen oder koprophilen) Neigungen und um die Anzeichen sexuellen Unbefriedigtseins handelt. (…) Ein mehr oder minder großer Teil der Außenwelt läßt sich aber nicht so leicht vom Ich abwälzen, sondern drängt sich ihm immer wieder auf, es gleichsam herausfordernd: ›Kämpf mit mir oder sei mein Freund‹ (Wagner, Götterdämmerung, I. Akt). Hat das Ich unerledigte Affekte zur Verfügung, und die hat es bald, so folgt es dieser Aufforderung, indem es sein ›Interesse‹ vom Ich auf einen Teil der Außenwelt ausdehnt. Das erste Lieben und Hassen ist eine Übertragung der autoerotischen Lust- und Unlustgefühle auf die Objekte, die jene Gefühle verursachen. Die erste *Objektliebe* und der erste *Objekthaß* sind gleichsam die *Urübertragungen,* die Wurzeln jeder künftigen Introjektion.«[31]

Durch ihre Harmonie oder auch ihre Disharmonie verbürgt die Entwicklungslinie Einverleibung-Introjektion-Identifikation, die parallel zu den präödipalen und ödipalen Schwierigkeiten verläuft, die Überwindung des Ödipuskomplexes und die Möglichkeit des Erreichens der Genitalität, der Sexualität des Kindes. Der Ausgangspunkt dieser Entwicklung ist die Nahrungsaufnahme mitsamt ihren Ritualen, Ängsten, Tränen und großen Freuden: Die Analyse zeigt, daß der Ödipuskomplex des Mannes tiefer in der Beziehung zur Ernährung verwurzelt ist als der Ödipuskomplex der Frau, denn die Brust erscheint hier zugleich als Teil der Mutter und auf eine lockende Weise erotisch – «glühende» Erotik für einen kleinen Jungen seitens seiner Traum-Mutter, die von ihm träumt, wie er an ihrer Brust saugt.

Ausgehend von diesem Postulat zeigt sich, daß die Beziehung, die ein Patient zur Nahrung seiner Mutter (oder, kraft Verschiebung, seiner Frau) unterhält, äußerst aufschlußreiche Hinweise liefert, da sie im späteren Leben fortbesteht; die oft unabsichtlich erfolgende Schilderung dieser Beziehung ermöglicht daher die Analyse der Ambivalenz des introjizierten archaischen Mutterbildes.

Wenn die Entwöhnung von den Eltern – im weitesten Sinn dieses Wortes – nicht von einem Übergang in eine neue Organisation begleitet wurde, dann sind in der Beziehung zur mütterlichen Kost mehrere Fallgestaltungen möglich: Man kann der progredienten Bewegung der Kur nur dann folgen, wenn man gleichzeitig die partiellen und regredienten Bewegungen jeder therapeutischen Sitzung vernimmt. Der Begriff »Übergang« ist in diesem Zusammenhang übrigens im engeren Sinne zu verstehen, denn die ödipalen und präödipalen Positionen bilden die Folie und das Raster für alle späteren Beziehungen. Jedenfalls besteht jede Entwöhnung im Erlernen der Gewöhnung an einen Mangel: einen Habensmangel, einen Seinsmangel oder auch einen partiellen Mangel. Sie erfordert jedoch zugleich die Verbreitung eines Ersatzes für die mütterliche Liebe durch ein dauerhaftes Introjekt.[32]

1. Das Gespräch des Patienten über die Nahrung seiner Mutter ist von Anfang an negativ, was sich in Anorexie, Bulimie, verschiedenen psychosomatischen Störungen und gewissen latenten und undeutlichen Depressionen manifestiert.

– Beginn der Analyse: eine verschlingende Mutter.

Eine energische, aber latent depressive junge Frau schildert Sitzung für Sitzung eine zudringliche, »verschlingende« Mutter, die in scharfem Gegensatz zu dem farblosen, verängstigten und kranken, aber liebenswürdigen Vater steht. Ihr fehlen die Worte, um dieses Paar zu beschreiben, und die Patientin fürchtet, in ihrer Schilderung die heftige Angst vor dem Verschlungenwerden, die die Mutter in ihr hervorrief, nicht adäquat zum Ausdruck bringen zu können. Nach einigen Monaten kommt sie eines Tages erregt und wütend, aber paradoxerweise sichtlich zufrieden in die therapeutische Sitzung, sie spürt, daß sie eine Szene erlebt hat, deren beispielhafter Charakter für die Analytikerin höchst aufschlußreich sein wird: »Ich bin außer mir. Meine Mutter ist gekommen, sie hielt in der rechten Hand ein Glas mit Essiggurken und in der Linken ein klebriges Glas Erdbeergelee. Als ich die beiden Gläser nehmen wollte, habe ich eine ungeschickte Bewegung gemacht und die Essiggurken mitsamt der Lake im Auto verschüttet. Sie verstehen, ich habe Ihnen alles gesagt.« Auf dem Sofa liegend, ahmt sie die beiden erhobenen Hände nach, die ihr die Gläser hinhalten, dann breitet sie ihre Arme weit aus, wobei sie die darbietende Haltung ihrer beiden Hände beibehält. Diese scheinbar belanglose Geste definiert auf metaphorische Weise den von der Mutter abgedeckten Bereich der oralen Gabe, der beim sauer-pikanten Nahrungsmittel beginnt und beim süßklebrigen aufhört, also die Gesamtheit des Geschmacksfeldes durchläuft. In der Logik des Unbewußten hat dies jedoch zu einem gegenteiligen Bild geführt, denn die Patientin nahm ihre

Mutter als eine Person wahr, die sich an ihren Kindern weidet; darin liegt eine mögliche Erklärung für das triumphale »Sie verstehen, ich habe Ihnen alles gesagt«, da man die »totale« Gabe der Mutter zwangsläufig als Äquivalenz einer »totalen« mütterlichen Verfügungsgewalt über den Körper ihrer Kinder verstehen muß.

Da die Identifikation mit der Einverleibung in Zusammenhang steht, kann eine positiv gefärbte Aussage über die Mutter, die von negativen Assoziationen über ihre Ernährungsmethoden (oder umgekehrt) begleitet wird, auf eine defensive Persönlichkeitsstruktur hindeuten, die auf einem neurotischen Kompromiß ruht.[33] Eine weitere Fixierung auf einer schizoid-paranoiden Position.[34]

– Wahrheiten über die mütterliche Ernährung

Eine aus einer Intellektuellenfamilie stammende Patientin erzählt, daß ihre Mutter in ihrer Kindheit jeweils vor den Auswahlverfahren für die Zulassung zu den höheren Schulen Fischgräten knusprig auszubraten pflegte; anschließend zwang sie das Kind, das sich dem Test stellen sollte, die Gräten zu essen, was sie mit dem Argument rechtfertigte, diese seien sehr phosphorhaltig. Nie wagte es ein Kind, das (vielleicht symbolische!) Grätenmahl zurückzuweisen; doch alle erinnern sich mit Ekel daran. In dieser Familie war die Mutter, auf eine keineswegs völlig ungewöhnliche Weise, die Hüterin der Wahrheit und der Erkenntnis, und für das Unbewußte kann der Zugang zur Wahrheit von der Verinnerlichung eines äußeren Objekts, das die Wahrheit repräsentiert, abhängig sein.

2. Ungeachtet gewisser Vorbehalte und Ambivalenzen ist die nährende Mutter gut. Demgemäß stellt man mit großer Regelmäßigkeit in Phasen psychischer Traumata oder der Trennung von einem Beziehungspartner eine Rückkehr zur mütterlichen Kochweise fest. Es handelt sich dabei um

eine geduldete, wenn nicht gar bewußte Regression auf eine vor der Entwöhnung liegende Stufe, auf der jegliche Unlust bei Berührung der warmen Brustwarze verschwand.

– Bedeutung einer Umstellung der Ernährungsweise

Eine gebürtige Griechin lebt seit zwanzig Jahren in Frankreich und ist mit einem Franzosen verheiratet. Schon seit langem hat sie die französischen Eßgewohnheiten angenommen und gelernt, nach dem Mahl »Käse, begleitet von einem erstklassigen Rotwein« zu schätzen. Der Beginn ihrer Analyse steht ganz im Zeichen der sich verschlechternden und als monoton empfundenen Beziehung zu ihrem Mann. Wie ein junges Mädchen hofft sie darauf, »dem Märchenprinzen aus ihrer Heimat« zu begegnen, der sie in den Schoß ihrer Familie zurückführt. Ihre Sehnsucht geht einher mit akuten Anfällen von Kolitis und mit »Magenschmerzen«, die sie auf die französische Küche zurückführt; Käse und Wein rufen angeblich unerträgliche gastrische »Allergien« hervor, während die griechische Küche ihr keinerlei Verdauungsprobleme bereitet. Ihre hochbetagte Mutter, die ebenfalls in Frankreich lebt, kocht ihr immer öfter griechische Speisen, die sie ihr in Tupperware mitbringt. Die Rückkehr zur mütterlichen Kost besiegelte, lange bevor die Patientin überhaupt den Zusammenhang erkannte, den Bruch mit ihrem Mann.

In einem Fall wie diesem bedeutet Lieben »sich ernähren wie«, sich eins mit dem anderen fühlen, beim Essen genauso wie im Bett. Das Kulturelle erklärt nicht alles, denn das an- und abschwellende Begehren benutzt das Kulturelle lediglich defensiv im Rahmen des Wandels der Beziehung zum geliebten Objekt.

3. Über die Nahrung der Mutter, die als ein »An sich« nicht ausgesprochen werden kann, wird geschwiegen. Der Patient kehrt in regelmäßigen Abständen »nach Hause«[35] zurück, ohne daß er dies auch nur einen Augenblick lang in Frage stellen würde, und er tut dabei so, als ob es für ihn

keine andere Möglichkeit gäbe, seinen Urlaub zu verbringen. Bei der Schilderung dieser Rückwendung zum engen Kontakt mit der Mutter, der oft als frustrierend, enervierend und ein wenig öde beschrieben wird (und dennoch alljährlich mehrfach wiederholt wird), bleibt die mütterliche Küche vielfach unerwähnt. Allenfalls wird eine vage Anspielung auf eine gesunde, reichhaltige, kräftigende Kost gemacht, die man sich ausgerechnet in der eigenen Wohnung nicht selbst zubereiten kann. Diese Beköstigungsphasen sind das notwendige und vitale, obwohl völlig unbewußte Gegenstück zu einer erfolgreichen Entwöhnung, die indes auf eine angenehme Weise gefördert und in regelmäßigen Abständen erneuert wird. Es handelt sich um einen formellen Regressionsvorgang durch eine Rückkehr zur Wahrnehmungsidentität, also um »die Wiederholung jener Wahrnehmung, welche mit der Befriedigung des Bedürfnisses verknüpft ist«[36]. In Zeiten der Hilflosigkeit kann die Regression bis zur Halluzination führen, da die Vergegenwärtigung des verlorenen Objekts nur durch eine Rückkehr zu den »ältesten, oralen Triebregungen« möglich ist.[37]

4. Die vierte Fallgestaltung, der Nahrungsfetischismus: Das Objekt-Nahrungsmittel muß ganz bestimmte Voraussetzungen erfüllen und wird durch einen scheinbar rationalen, in Wirklichkeit aber zutiefst pathologischen Diskurs in seiner Bedeutung überbewertet. Das Subjekt befindet sich in einer starken, vielfach von hypochondrischen Phantasmen begleiteten Abhängigkeit, sobald es sich eine Nahrungsaufnahme erlaubt, die »außerhalb« der Gesetze der Familie steht, denn nur die Mutter besitzt den nährenden Phallus, der Gesundheit und Lust verschafft. Da die Ernährungsfähigkeit den Phallus dieser Frauen

darstellt, ist die Ehelosigkeit ihrer Söhne die einzige Garantie für eine dauerhafte Beziehung der Abhängigkeit. Dies erklärt auch die Tatsache, daß sie in diesem Bereich mit jeder mutmaßlichen Rivalin einen erbarmungslosen Kampf austragen. (»Er ist so empfindlich; ich bin die einzige, die sich auf die Zubereitung der Schonkost für seine Leber versteht.«) Das auf diese Weise gebildete ödipale Mutter-Sohn-Paar verschiebt die sexuelle Beziehung vom Genitalen zum Oralen: Die Mutter führt in seinen Körper Nahrungsmittel ein, die er passiv aufzunehmen gezwungen ist und die ihr erlauben, sich lustvoll mit ihm zu vereinigen, wobei sich die anderen mit der Rolle von Zeugen dieser Duplikation der Urszene begnügen müssen.

Hier wird das Nahrungsmittel als Objekt-Fetisch weniger geheimgehalten als vielmehr sakralisiert; seine Hauptaufgabe besteht darin, dem verbotenen Paar zu erlauben, seinen Blick auf ein statthaftes materielles Objekt zu verschieben, um nicht erkennen zu müssen, daß die von ihnen gespielte phantasmatische Szene eigentlich strengstens verboten ist. Paradoxerweise wird der Geschmack nur selten erinnert, denn das Nahrungsobjekt wird wie jeder andere Fetisch hauptsächlich über den Gesichts- und (vermutlich) Geruchssinn wiedererkannt.[38]

Allerdings wird das Nahrungsobjekt im Gegensatz zum gewöhnlichen Fetisch regelmäßig zerstört (darin besteht ja gerade seine wesentliche Funktion) und nicht minder regelmäßig nahezu identisch wiederhergestellt; seine vorübergehende visuelle Abwesenheit aufgrund seines Verzehrs erlaubt der Libido des Subjekts, sich zu stärken und wiederholt denselben Platz einzunehmen. Dieses Objekt unterscheidet sich aus der Sicht des Subjekts deshalb von den anderen Fetischen, weil es in der Einsamkeit nicht als Ersatz des »mütterlichen Penis« dient, was wiederum darauf zurückzuführen ist, daß die Mutter notwendigerweise bei dessen Zubereitung zugegen ist und so praktisch zu dessen Trägerin wird, wie eine antike Choephore, die Vestalin eines Gotteskultes.

Diese Position weist eine deutliche Übersteigerung auf, wenn die Sakralisierung des Nahrungsobjekts nachträglich durch Elemente religiösen oder ethnischen Ursprungs ergänzt wird. Dann treten nämlich zu den fetischistischen Mechanismen phobisch-zwanghafte Mechanismen hinzu, die zu einer starken Selbstentfremdung und psychischen Erstarrung führen.

5. Fünfte und letzte Fallgestaltung: Rückkehr zum Nahrungsinzest.

Heutzutage kann der Nahrungsinzest zum Gegenstand einer Schreibweise werden, die sich grundsätzlich von derjenigen der Ethnologie oder antiker Erzählungen unterscheidet. So überträgt Philip Roth in seinem Buch *Portnoys Beschwerden* den Nahrungsinzest in einen Diskurs, in dem sich die Phantasmen seiner eigenen sozialen Gruppe widerspiegeln.[39]

Er stellt uns seinen Helden Portnoy vor, einen jungen Mann aus einer jüdischen Familie, der sich einer Psychoanalyse unterzieht, um sich von den elterlichen Imagines zu befreien: einem schwachen, ängstlichen Vater, der von einer allmächtigen, hypernarzißtischen und hysterischen Mutter unterdrückt wird. Im Verlauf der Sitzungen schildert Portnoy, geplagt von extremen Ängsten und Schuldgefühlen, dem Analytiker seine Adoleszenz, in der er den größten Teil seiner Zeit damit verbrachte, in und mit den unterschiedlichsten Objekten zu onanieren. Unseres Wissens nach handelt es sich hierbei um eine der ungeschminktesten Darstellungen des Nahrungsinzests: »Der

Bus, der Bus – was hielt mich im Bus davor zurück, den ganzen Salat auf den Arm der schlafenden *schickse* zu verspritzen – *ich* weiß es nicht. Mein gesunder Menschenverstand? Mein Anstand? Was glauben Sie? Mein besseres Ich, wie man das wohl nennt, das die Oberhand gewann? Na schön, aber wo war dieses bessere Ich an jenem Nachmittag, als ich aus der Schule nach Hause kam und feststellte, daß meine Mutter ausgegangen war, dafür aber im Kühlschrank ein großes Stück tiefgefrorener Leber lag? Ich glaube, daß ich *ein* Stück Leber bereits gebeichtet habe, nämlich das aus dem Fleischerladen, das ich hinter einer Reklametafel knallte – auf dem Weg zur Bar Mizwa-Stunde. Nun, ich möchte jetzt reinen Tisch machen, Eure Heiligkeit. Das war nicht meine erste Nummer dieser Art. Die fand in der privaten Sphäre unserer Wohnung statt, als ich meinen Schwanz in dem Stück Leber aus dem Kühlschrank vergrub, im Badezimmer, um halb vier Uhr nachmittags – um es dann um halb sechs gemeinsam mit meinen armen, nichtsahnenden Angehörigen zu verspeisen.

So. Jetzt wissen Sie auch das Schlimmste, was ich je getan habe. Ich habe das Abendessen meiner eigenen Familie gefickt.«[40]

Zwei Themen sind in diesem Buch mit zwanghafter Regelmäßigkeit aufs engste miteinander verwoben: Sexualität und Ernährung, die beide als Quelle von Verboten, Ängsten und deviantem Verhalten betrachtet werden. Daß das Ernährungsproblem in diesem konkreten Fall als ein spezifisch jüdisches Problem dargestellt wird, ändert nichts an seiner universellen Tragweite, denn jede kulturelle Gruppe hat ihre ernährungsbezogenen »Marker«, die zugleich soziale Marker sind. Die Mutter von Portnoy verbietet ihrem Sohn, in Einklang mit der endogamen Logik der Ernährung, strengstens den Verzehr »fremder« Speisen, die ihn nur vergiften können: In diesem Zusammenhang wird ein Gift schlicht als eine Substanz definiert, die nicht Bestandteil des innerfamiliären Kommunikationskodex ist; diese Treue einschließlich der zwangsläufigen Übertretungen erlebt Portnoy auf eine erotisierte und quasi megalomanische Weise. Für ihn ist Gottes »Sprachrohr auf Erden, soweit es sich um Essen handelt, meine Mutter«[41].

Portnoys Vater, der von seiner Frau tyrannisiert wird, bringt diese Nahrung eindeutig mit ödipalen Phantasmen in Zusammenhang und erklärt unablässig, daß nur seine Frau die »authentische jüdische Küche« kenne. Seine unentwegte Wiederholung derselben demagogischen Kommentare soll seinem Sohn in einem mehrdeutigen, aber letztlich für sie beide verständlichen Kode zu verstehen geben, daß er seine ödipale Position überwinden und einen Wechsel des Objekts erreichen konnte; er hat die Nahrung seiner Mutter (auf die keinerlei Anspielung gemacht wird) zugunsten der Nahrung seiner Frau »vergessen«, während Portnoy, der noch immer auf der Couch des Analytikers liegt, endlos das Unsagbare wiederkäut.

Was folgt aus all dem für die Ernährungsbeziehungen zwischen Mutter und Kind? Erinnert dies nicht manchmal an eine Welt der Legenden, in der die Anhänglichkeit eines kleinen Jungen an seine Mutter so berückend und so innig ist, daß nur ein Zaubertrank sie zu trennen vermag? Einzig der Liebestrank, den die böse Mutter-Hexe bereitet, besitzt die Macht, in dem Verliebten ein rasendes Verlangen nach dem schönen jungen Mädchen zu erregen, indem er ihn die unbenannte Frau vergessen läßt und ihm durch diesen Trick eine neue Bindung ermöglicht. Um den mütterlichen Liebestrank zu vergessen, braucht der Mann einen besonders starken Gegenzauber …

Wie sieht es heute außerhalb dieser leidenschaftlichen und eifersüchtigen Beziehungen im Alltag aus? Viele Mütter unterhalten noch immer eine libidinöse Beziehung zu ihren Kindern, und zwar mit Hilfe eines unbenennbaren Geschmacks, der nach dem Tod der Eltern für immer verschwindet; der orale Genuß ist das Primäre, und die genitale Erotik bedeutet in bestimmten Fällen nichts anderes als eine Rückkehr zu einer familiären Erotik des Essens, die zum Zweck der Triebabwehr verschleiert wird.

In diesem Typus familiärer Beziehungen ist die unsagbare Emotion, die mit dem Essen verbunden ist, vergleichbar der Ergriffenheit, die man beim Anblick gewisser Materialien empfindet, die ein Künstler in seinen Werken verwendet: So gab der florentinische Keramiker Lucca Della Robbia das Geheimnis der Mischung eines bestimmten Blautons an seine Söhne und Neffen weiter, und mit ihrem Tod ging diese Rezeptur für immer verloren. Wenn wir heute durch die Straßen von Florenz schlendern, vermittelt uns der Anblick des intensiven Blaus in den Keramiken Della Robbias die von einem vagen Gefühl getragene Illusion, das für immer verlorene Objekt wiedergefunden zu haben.

Objekte des Begehrens

Was ist die Eßlust? Eine Weise des In-der-Welt-Seins. Ein Genießen der Luft, des Wassers, des Geschmacks, des Lufthauchs, der Gerüche. Und der Worte, der Worte, der Worte …

Unersättliche Gier der Körperöffnung, die die Leere und das Bedürfnis nach Füllung liebt, auch wenn diese notwendigerweise vorübergehend ist: Eine gefüllte Leere verliert ihren Sinn, indem sie einen Bruch im Raum der Leere erzeugt. Die einfältigen Körperöffnungen suchen indes das vollkommene Nahrungsmittel, das ihren unvermeidlichen Mangel mit einem beständigen Verlangen sättigt.

Wie ein Schwamm, der immer wieder ausgepreßt wird: Der Schlemmer ist gierig nach Leben, der Feinschmecker nach Augenblicken und der Vielfraß nach Genuß.

Allerdings ist der Mund gleichzeitig der symbolische Träger der Beziehungen zwischen der inneren Subjektivität, die sich auf schmerzliche Weise jeglicher Mitteilbarkeit entzieht, und der äußeren spröden Dingwelt.

Daher das quälende Bedürfnis, das Innere mit dem Äußeren in Verbindung zu setzen, um die quälende Einsamkeit zu überwinden. Und zugleich auch, immer oder fast immer, die hedonistische Begierde nach dem Objekt des Wunsches. Sich sättigen an der guten Milch aus der guten Brust, an der Musik, an den Farben, an den Formen. Mit einem anderen Körper eins werden. Mit mehreren Körpern. Auf verschiedene Weisen.

Den Lebenstrieb bejahen, die Grenzen akzeptieren, die ihm von den Urphantasmen, den Urängsten und der immanenten Gewalttätigkeit auferlegt werden, das Ganze in ein Ich integrieren, das sich auf die Welt hin öffnet, und dann mit einem anderen … Das ist der Wunsch, den die gute Fee (als Repräsentantin der Mutter) vor jeder Wiege aussprechen sollte.

Ein Schlemmer zu sein heißt, liebesfähig zu sein.

Anhang

Anmerkungen

Vorwort

1 René A. Spitz, *Vom Säugling zum Kleinkind*, Stuttgart 1980, S. 63.
2 Jean-Anthelme Brillat-Savarin, *Physiologie des Geschmacks*, Leipzig 1983, S. 171.
3 Michel Serres, *Die fünf Sinne*, Frankfurt a. M. 1993, S. 216.
4 Das Kostbare, also das Seltene, verpflichtet dazu, das Vokabular der Preziösen wiederzufinden!
5 Vladimir Jankélévitch, *Le Je-ne-sais-quoi et le presque-rien. La manière et l'occasion*, Paris 1980.
6 Michel Serres, a. a. O., S. 206.
7 Ebenda, S. 206.
8 Mozart-Da Ponte, *Don Giovanni oder der bestrafte Wüstling*, Leipzig, o. J. 2. Akt, 15. Auftritt.
9 Ebenda, 2. Akt, 13. Auftritt.

Antäus

1 Jean-Baptiste Pontalis, »La chambre des enfants«, *L'Enfant, NRP*, 19, 1979.
2 Ebenda.
3 Jean-Paul Aron, »Biologie et alimentation à l'aube du XXe siècle«, *Pour une histoire de l'alimentation* (sous la direction de Jean-Jacques Hémardinquer), *Cahiers des Annales*, 28, 1970.
4 Roland Barthes, »Für eine Psychosoziologie der zeitgenössischen Ernährung«, in: *Freiburger Universitätsblätter*, Heft 75, Freiburg 1982, S. 66.
5 Sigmund Freud, *Neue Vorlesungen zur Einführung in die Psychoanalyse*, Frankfurt a. M. 1991, S. 94.
6 Josy Eisenberg et Armand Abécassis, *À Bible ouverte*, Paris 1978, t. I.
7 Eisenberg et Abécassis, a. a. O.
8 Frédéric Lange, *Manger, ou les jeux et les creux du plat*, Paris 1975, S. 17ff.
9 J.-C. Bonnet, préface aux *Écrits gastronomiques* de Grimod de la Reynière (1803–1808), Paris UGE, coll. »10/18«, 1978.

10 Roland Barthes, »Lecture de Brillat-Savarin«, introduction à *Physiologie du goût,* Paris 1975.

11 Jean-Anthelme Brillat-Savarin, *Physiologie des Geschmacks,* a. a. O., S. 62.

12 Roland Barthes, a. a. O.

13 Jean-Anthelme Brillat-Savarin, a. a. O., S. 23.

14 Darauf verweisen eingehend die Untersuchungen von Karl Abraham.

Wörter des Geschmacks und Geschmack der Wörter

1 François Rabelais, *Gargantua und Pantagruel,* 2 Bände, München 1968/1979, Bd. 1, S. 631.

2 Roland Barthes, a. a. O.

3 Paul Osterrieth, *Introduction à la psychologie de l'enfant,* Paris 1967.

4 Genesis 2, 15–17.

5 Gérard Haddad, *Manger le Livre,* Paris, S. 50.

6 Francis Ponge, *Im Namen der Dinge,* Frankfurt a. M. 1973.

7 Donald W. Winnicott, *Vom Spiel zur Kreativität,* Stuttgart 1973, S. 14.

8 Henri Laporte, *Alice au pays des merveilles, Structures logiques et représentation du désir,* Paris 1973.

9 Lewis Carroll, *Alice im Wunderland,* Frankfurt a. M. 1973, S. 17.

10 Jacques Lacan, *Le Séminaire,* livre VIII: *Le Transfert,* Paris 1991, S. 240.

11 Sigmund Freud, *Die Traumdeutung,* Frankfurt a. M. 1961, S. 208.

12 Ebenda, S. 116.

13 Ebenda, S. 227.

14 Ebenda, S. 229.

15 Dictionnaire Robert.

16 Louis Wolfson, *Le Schizo et les langues,* Paris 1975.

17 Gilles Deleuze, préface au *Schizo et les langues,* ebenda.

18 Louis Wolfson, ebenda.

19 Gilles Deleuze, ebenda.

20 Sigmund Freud, »Das Unbewußte«, *Das Ich und das Es, Metapsychologische Schriften,* Frankfurt a. M. 1992. In diesem Text zitiert Freud das berühmte Beispiel: »Loch ist Loch«, S. 150.

21 Gisèle Harrus-Révidi, »Les sens interdits«, *Les Cahiers de l'IPPC,* 6, November 1987.

22 Jacques Lacan, »Fonctions et champs de la parole et du langage en psychanalyse«, *Écrits*, Paris 1966, S. 276.

23 Nicolas Abraham et Maria Török, »Deuil ou mélancolie«, in: *L'Écorce et le noyau*, Paris, S. 262.

24 Ebenda.

25 Piera Aulagnier, *La Violence de l'interprétation*, Paris 1975.

26 Gisèle Harrus-Révidi, *La Vague et la digue*, Paris 1987; vor allem Kapitel 2.

27 Brillat-Savarin hat diesen Ausdruck in seiner *Physiologie des Geschmacks* geprägt.

28 Das führt zu der Vermutung, daß es interessant wäre, eine Untersuchung über das Fortbestehen oder das Überholen bestimmter oraler Strukturen beim Kind und beim Erlernen von Fremdsprachen durchzuführen. Das gleiche zu essen und anders zu sprechen ist schwierig: Gibt es nicht im Gegenteil eine Entsprechung zwischen der Akzeptierung eines fremden Geschmacks im Mund und der Fähigkeit, ein Wort zu formulieren, indem man in der Muttersprache ungebräuchliche Laute phonetisch einsetzt?

29 Roland Barthes, a. a. O.

30 J.-C. Bonnet, a. a. O.

Von der ethischen zur ästhetischen Verfehlung

1 Sigmund Freud, *Totem und Tabu*, Frankfurt a. M. 1956, S. 157.

2 Gérard Haddad, a. a. O., S. 33.

3 3. Buch Mose (Levitikus), 20, 24–26.

4 Ebenda, 11, 11.

5 Ebenda, 11, 31.

6 Ebenda, 11, 32.

7 Ebenda, 11, 33–37.

8 D. Zaoui, »Une interprétation psychanalytique des interdits alimentaires bibliques«, *Topique*, 1991.

9 Karl Abraham, »Der Versöhnungstag«, *Psychoanalytische Studien; Gesammelte Werke in zwei Bänden*, Frankfurt a. M. 1971, Band 2, S. 360–371.

10 Theodor Reik, *Das Ritual, Psychoanalytische Studien*, Leipzig 1928.

11 3. Buch Mose (Levitikus), 11, 45.

12 Vgl. Mose Ben Maimon, *Der Führer der Unschlüssigen*, Hamburg 1972.
13 Dazu ist das Werk von Gérard Haddad, *Manger le Livre* (a. a. O.), das religiöse und psychoanalytische Interpretationen miteinander verbindet, von höchstem Interesse. Siehe auch diesbezüglich das Werk von Henri-Jacques Sticker, *Corps infirmes et sociétés*, Paris 1982.
14 Édouard Dhorme, Introduction à la *Bible*, »La Pléiade«, Paris 1959, S. XXII.
15 Ezechiel, 2, 8–10; 3, 1–4.
16 Matthäus, 15, 10–12.
17 Ebenda, 15, 17–20.
18 Deuteronomium (das 5. Buch Mose), 8, 2–3.
19 Lukas, 4, 1–4.
20 Der zweite Teil des Satzes steht nicht in allen Bibelübersetzungen. Er ist jedoch sehr wichtig, denn Jesus zitiert im Deuteronomium Moses.
21 Thomas von Aquin, *Summa Theologica, Die Maßhaltung*, Salzburg/ Leipzig 1934, Bd. 21, 141. bis 154. Untersuchung, S. 239–374.
22 Ebenda, 148. Untersuchung, Die Gaumensucht, 1. Artikel, S. 356 f.
23 Ebenda, 1. Artikel, S. 358 f.
24 Ebenda, 1. Artikel, S. 358.
25 Ebenda, 3. Artikel, S. 362.
26 Ebenda, S. 364.
27 Ebenda, 148. Untersuchung, 6. Artikel, S. 372.
28 Piero Camporesi, *L'Officine des sens. Une anthropologie du baroque*, Paris 1989.
29 Thomas von Aquin, *De Malo, Quaestiones Disputatae, Vol. II*, Quaestio XIV, Rom o. J., S. 641.
30 Ders., *Summa Theologica*, a. a. O., Bd. 21, 147. Untersuchung, Das Fasten, 5. Artikel, S. 342.
31 Piero Camporesi, a. a. O., S. 40.
32 Zitiert von Camporesi, S. 155 ff.
33 Évelyne Kestemberg, Jean Kestemberg, Simone Decobert, *La Faim et le corps*, Paris 1972.
34 Sigmund Freud, *Der Mann Moses und die monotheistische Religion, Schriften über die Religion*, Frankfurt a. M. 1975, S. 116.
35 V. Nahoum, »La belle femme ou le stade du miroir en histoire«, *La Nourriture, Communications*, 31, 1979.
36 V. Nahoum, ebenda.
37 Ebenda.

38 René A. Spitz, *Nein und Ja. Die Ursprünge der menschlichen Kommunikation*, Stuttgart 1970, S. 35.
39 Sigmund Freud, »Die Verneinung«, *Das Ich und das Es. Metapsychologische Schriften*, a. a. O., S. 322.
40 Ebenda.
41 Ebenda, S. 323.
42 Ebenda.
43 Sigmund Freud, *Drei Abhandlungen zur Sexualtheorie*, Frankfurt a. M. 1991, S. 122.
44 Ders., »Die Verneinung«, a. a. O., S. 324.
45 Jean-François Lyotard, *Discours, figure*, Paris 1971.
46 Ebenda.
47 Sigmund Freud, *Drei Abhandlungen zur Sexualtheorie*, a. a. O., S. 84.

Vom oralen Begehren zum Leiden

1 Gisèle Harrus-Révidi, »Du désir à la souffrance orale en trois temps et trois mouvements«, *Revue de médecine psychosomatique*, 15, 1988.
2 Von G. Harrus-Révidi hervorgehoben.
3 Michel Serres, a. a. O., S. 251.
4 Roland Barthes, »Für eine Psychosoziologie der zeitgenössischen Ernährung«, a. a. O., S. 66 f.
5 Die Semiometrie, ein neuer linguistischer Ansatz der Sprache (seit einigen Jahren von der SOFRES unter Anleitung von Émeric Deutsch und Jean-François Steiner angewandt), »hat sich zum Ziel gesetzt, diese Besetzung zu messen und daraus auf ihre Position in einem konkret vorstellbaren ›Bedeutungsraum‹ zu schließen (...). Die durch das Experiment bekräftigte Hypothese lautet, daß die ›affektive‹ Dimension der Bedeutung die beiden anderen Dimensionen des Wortes, die kognitive (die der Vernunft, der Vorstellungen, des ›gesunden Menschenverstandes‹) und die richtungweisende (Orientierung in Zeit und Raum) sehr gut zusammenfaßt«. (Colonna d'Istria, »Voyage dans l'espace sémantique«, *Le Monde*, 9. August 1990).
6 Michel Serres, a. a. O., S. 313.
7 Hervé Bazin, »Viper im Würgegriff«, *Familie Rezeau*, München 1981, S. 40.
8 Jules Renard, *Muttersohn. Poil de Carotte*, Bremen 1987, S. 22.

9 Franz Kafka, *Brief an den Vater, Faksimile,* Frankfurt a.M. 1994, S. 127.

10 Gisèle Harrus-Révidi, *La Vague et le digue,* a. a. O.

11 Vgl. hierzu die Werbung für Coca Cola.

Dionysos: Kannibalismus und Nahrungsinzest

1 Siehe hierzu insbesondere Roland Topor, *La Cuisine cannibale,* Paris 1986.

2 Claude Fischler, *L'Homnivore,* Paris 1990, S. 136.

3 Nicolas Abraham und Maria Török, »Deuil ou mélancolie. Introjecter-incorporer«, *L'Écorce et le noyau,* S. 259.

4 André Green, »Cannibalisme: réalité ou fantasme agi?«, *NRP, Destins du cannibalisme,* Bd. 6, 1972.

5 Glauco Carloni und Daniela Nobili, *Réflexions sur la mauvaise mère,* Paris 1975.

6 Ebenda, S. 99–103.

7 Es ist klar, daß sich die Arbeiten von Anzieu nicht auf diesen Typus von Urhorde beziehen.

8 Vgl. Glauco Carloni und Daniela Nobili, a. a. O.

9 Jean Pouillon, »Manières de table, manières de lit, manières de langage«, *NRP,* Bd. 6, 1972, S. 12.

10 Glauco Carloni und Daniela Nobili, a. a. O., S. 103.

11 Sigmund Freud, »Trauer und Melancholie«, in: Studienausgabe Band III, Frankfurt a.M. 1982, S. 193ff.

12 Ders., »Jenseits des Lustprinzips«, in: Studienausgabe Band III, Frankfurt a.M. 1982, S. 269, Fußnote.

13 Jean Gillibert, »La mère meutrière, mortifère et mortifiée dans le mythe de Dionysos«, Paris, ESF, 1978.

14 Ebenda.

15 Jean-Pierre Vernant, »Chasse et sacrifice dans L'Orestie d'Eschyle«, in: Jean-Pierre Vernant und Pierre Vidal-Naquet, *Mythe et tragédie en Grèce ancienne (Mythos und Tragödie im alten Griechenland),* Paris 1972, S. 140

16 Piero Camporesi, a. a. O.

17 Jacques Lacan, *Le Transfert,* a. a. O., S. 256.

18 Anatolij Martschenko, *Meine Aussagen, Bericht eines sowjetischen Häftlings,* Frankfurt a.M. 1969, S. 167.

19 Der Film *Der Koch, der Dieb, seine Frau und ihr Liebhaber* von Peter Greenaway aus dem Jahr 1989 ist eine der besten Darstellungen der phantasmatischen Oralität.

20 Geneviève Calame-Griaule, »Une affaire de famille«, *Destins du cannibalisme, NRP,* Bd. 6, 1972.

21 Ebenda.

22 Ebenda.

23 Pierre Vidal-Naquet, a. a. O., S. 148.

Das kalte Begehren:
Die Geschichte des Wahnsinns in der Neuzeit

1 Jean-Jacques Rousseau, *Diskurs über die Wissenschaften und Künste,* in: ders., *Schriften zur Kulturkritik,* französisch-deutsch, Hamburg 1995.

2 Claude Fischler, *L'Homnivore,* a. a. O., S. 218.

3 Michel Serres, Vorwort zu *L'Oeuf transparent* von Jacques Testard, Paris 1986, S. 25.

4 Die Schule, die diese Gefahr erkannt hat, hat damit begonnen, die Schüler in der Kunst der oralen Lust zu unterweisen, indem sie unter anderem eine »Woche des Geschmacks« einführte. Das Institut du goût in Tours widmet sich der gleichen Aufgabe.

5 Émile Cioran, *Lehre vom Zerfall,* Stuttgart 1987.

6 Michel Tournier, *Zwillingssterne,* Hamburg 1977.

7 Immanuel Kant, *Kritik der reinen Vernunft,* Stuttgart 1993, S. 94.

8 Sigmund Freud, »Das Ich und das Es«, in: Studienausgabe, Bd. III, S. 294.

9 Michel Serres, *Die fünf Sinne – eine Philosophie der Gemenge und Gemische,* Frankfurt a.M. 1993, S. 205.

10 Michel Tort, *Le Désir froid,* Paris 1992.

11 Gesamtheit der durch In-vitro-Befruchtung gezeugten Embryonen eines Elternpaars, die bis zu ihrer Reimplantation durch Tiefkühlung konserviert werden.

12 Die mit den Fortschritten bei der Empfängnisverhütung verbundene Trennung zwischen Geschlechtsakt und Fortpflanzung schlägt sich vermutlich in dieser Weise nieder. Allerdings ist bislang noch nicht genügend Zeit verstrichen, um bereits alle möglichen Auswirkungen beurteilen zu können.

13 Nachgewiesen von Kanner und Winnicott in bezug auf die infantilen Psychosen und den Autismus.

14 Sigmund Freud, »Jenseits des Lustprinzips«, in: Studienausgabe, Bd. III, S. 245.

15 Michel Serres, a. a. O., S. 299.

16 »U-Bahn fahren, arbeiten, schlafen – wir haben es satt«, lautete der Slogan im Mai 1968. Die Ernährung wurde nicht thematisiert, da sie nicht als ein Faktor betrachtet wurde, der die allgemeine Perspektivlosigkeit noch verstärkte; dagegen wird in staatlichen Einrichtungen, wie in der Armee, in Krankenhäusern und Internaten, vielfach über die Eintönigkeit der Beköstigung geklagt.

17 Zum Beispiel: Die extreme französische Rechte bevorzugt Gerichte aus den ehemaligen Kolonialgebieten, wie es Bräuche nach Art des »Lammspieß«-Essens bei den ehemaligen Fallschirmjägern, die im Algerienkrieg kämpften, beweisen, während sie gleichzeitig die Wertesysteme der Einwohner dieser Länder entschieden verurteilt.

18 Pierre de Ronsard, *Les Amours,* Paris 1964 (dt. vom Übersetzer).

Der Teller

1 Etymologisch betrachtet, leitet sich das französische Wort für Teller, »assiette«, vom spätlateinischen Verb *assidere,* »sitzen, lagern«, her.

2 In Nordafrika beispielsweise wird der Kuskus direkt aus der Schüssel gegessen.

3 Frédéric Lange, a. a. O., S. 53.

4 Claude Lévi-Strauss, Gespräch mit Jean-Marie Benoist, *Le Monde,* 21./22. Januar 1979; deutsch unter dem Titel »Von der Irrationalität der Geschichte« in: Claude Lévi-Strauss, *Mythos und Bedeutung,* Frankfurt a. M. 1980, S. 236 ff.

5 Frédéric Lange, a. a. O., S. 99.

6 Ebenda.

7 Claude Lévi-Strauss, *Mythologica,* Bd. III, *Der Ursprung der Tischsitten,* Frankfurt a. M., 1976, S. 543.

8 Jean Starobinski, »Les rimes du vide, une lecture de Baudelaire«, *Figures du vide, NRP,* Bd. 11, 1975, S. 139.

9 Bertram Lewin, »Le sommeil, la bouche et l'écran du rêve«, *L'Espace du rêve, NRP,* 1972, S. 211.

10 Obgleich der Entscheidung über den Kauf eines völlig weißen oder eines farbigen Tafelgeschirrs möglicherweise unbewußte Motive zugrunde liegen.

11 Roland Barthes, »Für eine Psychosoziologie der zeitgenössischen Ernährung«, in: *Freiburger Universitätsblätter*, Heft 75, Freiburg 1982.

12 Jean-Anthelme Brillat-Savarin, a. a. O., S. 171.

13 Roland Barthes, a. a. O., S. 30

Die Welt der Eltern: Milch und Fleisch

1 Françoise Héritier-Augé, Gespräch mit L. Guilsamer und M. Kajman, *Le Monde*, 6. April 1993.

2 Dieselbe, »Le sperme et le sang«, *L'Humeur et son changement, NRP;* Bd. 32, 1985, S. 113.

3 Ebenda, S. 117.

4 »Ich habe Milch noch nie gemocht«, sagt mir ein Patient, der später erfuhr, daß er im Alter von zwei Jahren entwöhnt worden und daß diese Entwöhnung schlecht verlaufen war.

5 Piero Camporesi, *L'Officine des sens*, a. a. O., S. 16.

6 Chantal Chawaf, *Blé de semence*, Paris 1976, S. 14f.

7 »Sie ißt sie uns weg, unsere Ernestine«, sagt der kleine Bruder von Marcel Pagnol, als er sieht, wie seine Schwester gestillt wird (Marcel Pagnol, *La Gloire de mon père*, Monte Carlo 1973).

8 Es wäre interessant, unter diesem Gesichtspunkt die Konnotationen der Pasteurisierung zu analysieren ...

9 Sébastiana Ammiano, »Degli Erimitani di sant' Agostini«, *Discorsi predicabili per documento del viver christiano*, Venedig, Al segno della Concordia, 1589, in: Piero Camporesi, a. a. O.

10 Lewis Carroll, *Alice im Wunderland*, a. a. O., S. 72.

11 Henri Laporte, *Alice au pays des merveilles, structures logiques et représentation du désir*, a. a. O., S. 65.

12 Marc Soriano, *Les Contes de Perrault. Culture savante et traditions populaires*, Paris 1973.

13 Johan Petrus Lotichius, *De casei nequitia* (Von der Schädlichkeit des Käses), 1643, zitiert in Piero Camporesi, a. a. O., S. 9.

14 Niccolo Serpetro, *Il mercato delle meraviglie della natura, Ovvero storia naturale*, Venedig, Tomasini, 1643, zitiert in Piero Camporesi, a. a. O.

15 Ebenda, S. 15.
16 Genesis 1, 29 f.
17 Genesis 9, 3.
18 Jesaja 11, 7.
19 Genesis 6, 13.
20 Kommentare von Josy Eisenberg in: Josy Eisenberg und Armand Abécassis, a. a. O.
21 Genesis 9, 2–4.
22 Josy Eisenberg und Armand Abécassis, a. a. O.
23 Thomas von Aquin, *Summa Theologica, Die Maßhaltung*, 5. Artikel, 3. Abschnitt, S. 254 f.
24 J.-C. Bonnet, a. a. O., S. 55 f.
25 Pierre Vidal-Naquet, »Chasse et sacrifice dans L'Orestie«, in: Jean-Pierre Vernant und Pierre Vidal-Naquet, *Mythe et tragédie en Grèce ancienne*, a. a. O., S. 138.
26 Karl Abraham, »Versuch einer Entwicklungsgeschichte der Libido auf Grund der Psychoanalyse seelischer Störungen«, in: ders., *Gesammelte Schriften*, Bd. 2, Abschnitt IV, *Arbeiten zur Libidotheorie*, Frankfurt a. M. 1982, S. 60.
27 Ebenda.
28 Sigmund Freud, *Totem und Tabu*, in: Studienausgabe, Bd. IX, Frankfurt a. M. 1982, S. 425.
29 Francis Ponge, »Das Stück Fleisch«, *Im Namen der Dinge*, Frankfurt a. M. 1973, S. 43–45.
30 François Rabelais, *Gargantua und Pantagruel*, Bd. 1, a. a. O., S. 24–37.
31 Marie Rouanet, *La Cuisine amoureuse, courtoise et occitane*, Portet-sur-Garonne 1990, S. 32 (Hervorhebung von G. Harrus-Révidi).
32 Roland Barthes, *Mythen des Alltags*, Frankfurt a. M. 1964, S. 36.
33 »Wie oft habe ich im Schatten dieser Felsen mit ihnen eure ländlichen Mahlzeiten geteilt, die keinem Tier das Leben kosteten! (…) Die Unterhaltung war ebenso prunklos und unschuldig wie diese Mahlzeiten.« (Bernardin de Saint-Pierre, *Paul und Virginie*, München 1987, S. 80 f.).
34 Dieser Satz wird häufig zitiert, um die Anschauungen des Autors ins Lächerliche zu ziehen und die angeblichen Unterschiede zu den Anschauungen Rousseaus aufzuzeigen, zu dessen eifrigsten Anhängern er jedoch gehörte; der Satz stammt aus den *Études de la nature* von Bernardin de Saint-Pierre.

35 Gisèle Harrus-Révidi, »La petite graine«, *L'Explosion du biologique*, *Autrement*, 30, 1981.

Symphonie der Oralität

1 Michel Soulé, »L'aire potentielle du jeu oral entre la mère et son nourrisson«, *Psychanalyse à l'université*, Bd. 1, S. 4.

2 Ebenda.

3 Charles Lasègue, *Écrits psychiatriques*, Toulouse 1971.

4 Jacques Lacan, *Le Séminairie*, Buch VIII: *Le transfert*, S. 239.

5 Ebenda.

6 Ebenda.

7 Gisèle Harrus-Révidi, »L'hyposéduction, une pathologie méconnue«, *La Séduction, Les Cahiers de l'IPPC*, 9. April 1989.

8 »Ich werde niemals ein liebenswerter Mensch sein«, sagt mir regelmäßig eine Patientin, die das vierte von zehn Kindern ist. »Liebenswert sein« ist das begehrenswerte und gleichzeitig unerreichbare Ziel schlechthin; es nicht zu sein bedeutet, alltäglich ein schmerzliches Gefühl der Kastration zu erleben.

9 Um den Ausdruck von Brillat-Savarin aufzugreifen.

10 In dem Buch *Vom Spiel zur Kreativität* (Stuttgart 1973) hat Winnicott die Begriffe *handling* und *holding* eingeführt. In der Mutter-Kind-Beziehung gehören diese Ich-bildenden Momente zum festen Repertoire des *handling*: *to handle* heißt »handhaben, befühlen«, und genau darum geht es hier, auch wenn der Mund dabei eine genauso große Rolle spielt wie die Hände; der Narzißmus des Säuglings entwickelt sich durch die körperliche Berührung.

11 Michel Fain, »Prélude à la vie fantasmatique«, *RFP*, XXXV, S. 2 f., 1971.

12 Pierre Fédida, »Le conte et la zone de l'endormissement«, *Psychanalyse à l'université*, Bd. 1, S. 1, 1975.

13 Jean Pouillon, »Manières de table, manières de lit, manières de langage«, a. a. O.

14 Pierre Fédida, a. a. O.

15 Masud R. Kahn, »La tendresse cannibalique dans la sensualité non génitale«, *NRP*, Bd. 6, 1972.

16 Bruno Bettelheim, *Kinder brauchen Märchen*, übers. von Liselotte Mickel/Brigitte Weitbrecht. Stuttgart ⁵1990.

17 Françoise Dolto bezeichnete mit diesem Begriff den idealen Abschluß der menschlichen Sexualentwicklung.

18 Bruno Bettelheim, a. a. O.

19 Georges Devereux, *Das Normale und das Abnorme, Aufsätze zur allgemeinen Ethnopsychiatrie*, Frankfurt a. M. 1974.

20 Françoise Dolto, *Über das Begehren*, Stuttgart 1988.

21 Charles Perrault, *Der kleine Däumling*, in: ders., *Sämtliche Märchen*, Stuttgart 1986, S. 119 (Hervorhebungen von G. Harrus-Révidi).

22 Geneviève Calame-Griaule, a. a. O.

23 Weshalb immer ein Apfel? Piero Camporesi, a. a. O., S. 187, definiert den Apfel als »Hieroglyphe der Wollust«.

24 Weshalb rot? Auch in Viscontis Film *Der Tod in Venedig* hinterlassen die Erdbeeren, die die Cholera übertragen und den Tod bringen, einen unvergeßlichen roten Fleck.

25 Charles Perrault, *Die törichten Wünsche*, a. a. O., S. 51.

26 Marc Soriano, a. a. O.

27 Sigmund Freud, *Vorlesungen zur Einführung in die Psychoanalyse*, in: Studienausgabe, Bd. 1, Frankfurt a. M. 1982, S. 222.

28 Etwa indem man einen Text wie diesen, der in der Sprache der Oralität geschrieben ist, in einen Text übersetzt, der genitale Wünsche ausdrückt.

29 Vgl. »Antäus«.

30 Vgl. »Von der ethischen zur ästhetischen Verfehlung«.

31 Sándor Ferenczi, »Introjektion und Übertragung« (1909), in: ders., *Schriften zur Psychoanalyse*, Bd. 1, Frankfurt a. M. 1982, S. 14 und 20.

32 Es wäre sehr aufschlußreich, in diesem Zusammenhang die im Gespräch von vielen bedeutenden Persönlichkeiten gemachte Äußerung zu deuten, daß die Liebe ihrer Mutter, auch wenn sie schon lange tot ist, eine ständige Kraftquelle für sie gewesen ist. Dies deutet zwar auf eine gute Introjektion hin, aber was genau bedeutet dies?

33 Das hat Freud vor allem in *Totem und Tabu* und *Trauer und Melancholie* gezeigt.

34 Nach Melanie Klein wird die paranoide Position durch folgende Züge gekennzeichnet: »Die aggressiven Triebe koexistieren von vornherein mit den libidinösen Trieben und sind besonders stark; das Objekt ist ein Partialobjekt (hauptsächlich die Mutterbrust) und in zwei gespalten, das »gute« und das »böse« Objekt; die vorherrschenden psychischen Prozesse sind die Introjektion und die Projektion; die Angst, die heftig ist, ist persekutorischer Natur (Destruktion durch das »böse«

Objekt).« (Jean Laplanche und Jean-Baptiste Pontalis, *Das Vokabular der Psychoanalyse*, Frankfurt a. M. 1972, S. 368)

35 Wie vielen Irrtümern unterliegen wir, wenn wir dieses »nach Hause« ins Departement Morbihan hören, während der Patient in Wirklichkeit das ganz Jahr über im sechsten Arrondissement wohnt!

36 Sigmund Freud, *Die Traumdeutung*, Studienausgabe, Bd. II, Frankfurt a. M. 1982, S. 539.

37 Sigmund Freud, »Die Verneinung«, in: Studienausgabe, Bd. III, *Psychologie des Unbewußten*, Frankfurt a. M., S. 374.

38 Wir haben mehrfach gesehen, daß für den Geschmack das Wesentliche darin besteht, an die Identität dessen zu glauben, was man verzehrt. Das sensorische Wiedererkennen findet nur dann statt, wenn keine schwerwiegende Störung vorliegt.

39 Wie es insbesondere in den Filmen von Woody Allen oder auch in den Werken von jüdischen Schriftstellern aus New York gezeigt wird.

40 Philip Roth, *Portnoys Beschwerden*, Reinbek 1974, S. 93.

41 Ebenda, S. 64.

Literaturhinweise

Abraham, Karl, *Psychoanalytische Studien*, Band 2, Gesammelte Werke in 2 Bänden, Frankfurt a. M., Fischer Verlag 1969, ²1971

Abraham, Nicolas und Török, Maria, *L'Écorce et le noyau*, Paris, Aubier-Flammarion, 1978.

Aron, Jean-Paul, *Le Mangeur du XIXᵉ siècle*, Paris, Laffont, 1974.

–, »Biologie et alimentation à l'aube du XXᵉ siècle«, *Pour une histoire de l'alimentation, Cahiers des Annales*, 28 (présenté par J.-J. Hémardinquer), 1970.

Barthes, Roland, *Mythen des Alltags*, Frankfurt a. M., 1964.

–, »Für eine Psychosoziologie der zeitgenössischen Ernährung«, in: *Freiburger Universitätsblätter*, Heft 75, Freiburg 1982.

Bazin, Hervé, »Viper im Würgegriff«, *Familie Rezeau*, München, Steinhausen Verlag, 1981.

Bernardin de Saint-Pierre, Jacques-Henri, *Paul und Virginie*, München, Winkler Verlag, 1987.

–, *Études sur la nature*, Paris, Hatier, coll. »Itinéraires littéraires du XVIIIᵉ siècle, 1989.

Bettelheim, Bruno, *Kinder brauchen Märchen*, Stuttgart, Deutsche Verlagsanstalt, 1977.

Bibel, Die, Altes und Neues Testament.

Braunschweig, Denise und Fain, Michel, *La Nuit, le jour*, Paris, PUF, 1975.

Brillat-Savarin, Jean-Anthelme, *Physiologie du goût (1826), précédé de »Lecture de Brillat-Savarin«, par Roland Barthes*, Paris, Hermann, 1975.

–, dt.: *Physiologie des Geschmacks oder Physiologische Anleitung zum Studium der Tafelgenüsse*, übers. von Carl Vogt. Braunschweig, Friedrich Vieweg & Sohn, 1865; Leipzig, Koehler und Amelang, 1983.

Calame-Griaule, Geneviève, »Une affaire de famille«, *Destins du cannibalisme, NRP*, 6, 1972.

Camporesi, Piero, *L'Officine des sens. Une anthropologie du baroque* (trad. M. Bougaher), Paris, Hachette, 1989.

Carloni, Glauco und Nobili, Daniela, *Réflexions sur la mauvaise mère*, Paris, Payot, coll. »Petite Bibliothèque«, 1975.

Carroll, Lewis, *Alice im Wunderland*, Frankfurt a. M., Insel Taschenbuch Verlag, 1973.

Castoriadis-Aulagnier, Piera, *La Violence de l'interprétation*, Paris, PUF, 1975.

Châtelet, Noëlle, *Le Corps à corps culinaire*, Paris, Le Seuil, 1977.

Chawaf, Chantal, *Blé de semences*, Paris, Mercure de France, 1976.

Chiva, Matty, »Aspects psychologiques des conduites alimentaires«, in: Dupin, Henri, *Alimentation et nutrition humaines*, Paris, ESF, 1992.

Cioran, Émile Michel, *Lehre vom Zerfall* (übertragen von Paul Celan), Stuttgart, Klett-Cotta, 1987.

Dadoun, Roger, »Du cannibalisme comme stade suprême du stalinisme«, *NRP*, 6, 1972.

Devereux, Georges, *Das Normale und das Abnorme, Aufsätze zur allgemeinen Ethnopsychiatrie*, Frankfurt a. M., Suhrkamp, 1974.

Dolto, Françoise, *Über das Begehren*, Stuttgart, 1988.

Douglas, Mary, *De la souillure* (übers. von A. Guérin), Paris, Maspero, 1971.

Eisenberg, Josy und Abécassis, Armand, *À Bible ouverte*, Paris, Albin Michel, Bd. 1, 1978.

Fain, Michel, »Prélude à la vie fantasmatique« , RFP, XXXV, 2–3, 1971.

Fédida, Pierre, »Le conte et la zone de l'endormissement«, *Psychanalyse à l'université*, Bd. I, 1975.

Ferenczi, Sandor, *Schriften zur Psychoanalyse*, Bd. 1, Frankfurt a. M. 1982.

Fischler, Claude, *L'Homnivore*, Paris, Odile Jacob, 1990.

Freud, Sigmund, *Die Traumdeutung*, Studienausgabe, Bd. II, Frankfurt a. M., S. Fischer Verlag, 1982.

–, *Drei Abhandlungen zur Sexualtheorie*, Frankfurt a. M. 1991.

–, *Vorlesungen zur Einführung in die Psychoanalyse*, in: Studienausgabe, Bd. I, Frankfurt a. M. 1982.

–, *Totem und Tabu*, in: Studienausgabe, Bd. IX, Frankfurt a. M. 1982.

–, »Das Unbewußte«, und »Trauer und Melancholie«, *Das Ich und das Es, Metapsychologische Schriften*, Frankfurt a. M. 1992.

–, »Jenseits des Lustprinzips«, in: Studienausgabe, Bd. III, Frankfurt a. M. 1982.

–, *Das Ich und das Es, Metapsychologische Schriften*, Frankfurt a. M. 1992.

–, »Die Verneinung«, in: Studienausgabe, Bd. III, *Psychologie des Unbewußten*, Frankfurt a. M. 1982.

–, *Neue Folge der Vorlesungen zur Einführung in die Psychoanalyse*, Frankfurt a. M. 1991.

–, *Der Mann Moses und die monotheistische Religion, Schriften über die Religion*, Frankfurt a. M. 1975.

Gillibert, Jean, »La mère meurtrière, mortifère et mortifiée dans le mythe de Dionysos«, *Mère mortifère, mère meurtrière, mère mortifiée*, Paris, ESF, 1978.

Green, André, »Le cannibalisme: réalité ou fantasme agi?«, *NRP*, 6, 1972.

Grimal, Pierre, *Dictionnaire de la mythologie grecque et romaine*, Paris, PUF, 1951.

Grimod de la Reynière, *Écrits gastronomiques* (1803–1808), introduction de J.-C. Bonnet, Paris, UGE, coll. »10/18«, 1978.

Haddad, Gérard, *Manger le Livre*, Paris, Grasset, 1984.

Harrus-Révidi, Gisèle, »La petite graine, essai de biologie fantasmatique«, *Autrement*, 30, 1981.

–, »Plaisir et oralité«, *À boire et à manger, Le Groupe familial, École des Parents*, 99, 1983.

–, »Ma come era bona la pasta della mamma!«, *Écrits du passé, commentaires du présent, Revue de médecine psychosomatique*, 1986.

–, »Les sens interdits ou éléments de sémiologie pour une clinique du sensoriel«, *Voir, écouter, toucher, Les cahiers de l'IPPC*, 6, novembre 1987.

–, *La vague et la digue. Du sensoriel au sensuel en psychanalyse*, Paris, Payot, 1987.

–, »Du désir à la souffrance orale en trois temps et trois mouvements«, *La Bouche entre plaisir et douleur, Revue de médecine psychosomatique*, 15, 1988.

–, »L'hypo-séduction, une pathologie méconnue«, *La séduction, Les Cahiers de l'IPPC*, 9, 1989.

Héritier-Augé, Françoise, »Le sperme et le sang«, *L'Humeur et son changement, NRP*, 32, 1985.

–, Gespräch mit L. Guilsamer et M. Kajman, *Le Monde*, 6. April 1993.

Jankélévitch, Vladimir, *Le Je-ne-sais-quoi et le presque-rien. La manière et l'occasion*, Paris, Le Seuil, 1980.

Jeudy, Henry-Pierre, »Gent Vulpine et bestialité enragée«, *Traversées*, 8, 1977.

Kafka, Franz, *Brief an den Vater, Faksimile*, Frankfurt a. M. 1994.

Kant, Immanuel, *Kritik der reinen Vernunft*, Stuttgart 1993.

Kestemberg, Évelyne, Kestemberg, Jean und Decobert, Simone, *La Faim et le corps*, Paris, PUF, 1972.

Lacan, Jacques, *Le Séminaire*, livre VII: *L'éthique de la psychanalyse*, Paris, Le Seuil, 1986.

–, *Le Séminaire*, livre VIII: *Le transfert*, Paris, Le Seuil, 1991.

Lalande, André, *Vocabulaire technique et critique de la philosophie*, Paris, PUF, 1980.

Lange, Frédéric, *Manger, ou les jeux et les creux du plat*, Paris, Le Seuil, 1975.

Laplanche, Jean und Pontalis, Jean-Baptiste, *Das Vokabular der Psychoanalyse*, Frankfurt a.M., Suhrkamp Taschenbuch Verlag, 1972.

Laporte, Henri, *Alice au pays de merveilles*, Paris, Mame, 1973.

Lascault, Gilbert, »12 bribes de bestiaires à peu près contemporains«, *Les Bêtes, Traversées*, 8, 1977.

Lasègue, Charles, *Écrits psychiatriques*, Toulouse, Privat, coll. »Rhadamante«, 1971.

Lévi-Strauss, Claude, *Les Structures élémentaires de la parenté*, Paris-La Haye, Mouton, 1967.

–, *Mythologica*, Bd. III, *Der Ursprung der Tischsitten*, Frankfurt a.M., Suhrkamp, 1976.

–, *Mythologica*, Bd. I, *Das Rohe und das Gekochte*, Frankfurt a.M., Suhrkamp, 1976.

–, Gespräch mit Jean-Marie Benoist, *Le Monde*, 21./22. Januar 1979; deutsch unter dem Titel »Von der Irrationalität der Geschichte« in: Claude Lévi-Strauss, *Mythos und Bedeutung*, Frankfurt a.M., Suhrkamp, 1980.

Lewin, Bertram, »Le sommeil, la bouche et l'écran du rêve«, *L'Espace du rêve, NRP*, 5, 1972.

Lyotard, Jean-François, *Discours, figure*, Paris, Klincksieck, 1971.

Maimon, Mose Ben, *Der Führer der Unschlüssigen*, Hamburg, Felix Meiner Verlag, 1972.

Masud R. Khan, »La tendresse cannibalique dans la sensualité non génitale«, *NRP*, 6, 1972.

Nahoum, V., »La belle femme«, *La nourriture, Communications*, 31, 1979.

Nez, gorges, oreilles. Dix façons de les préparer, Paris, Le Couteau dans la plaie, 1978.

Osterrieth, Paul, *Introduction à la psychologie de l'enfant*, Paris, PUF, 1967.

Pagnol, Marcel, *Marcel. Der Ruhm meines Vaters*, München, Goldmann 1991.

Perrault, Charles, *Sämtliche Märchen*, Stuttgart 1986.

Platon, »Das Gastmahl«, in: *Sämtliche Werke*, Hamburg, Rowohlt, 1957.

Ponge, Francis, *Im Namen der Dinge*, Frankfurt a. M., Suhrkamp, 1973.

Pontalis, Jean-Baptiste, »Avant-propos«, *NRP*, 6, 1972.

–, »La chambre des enfants«, *L'Enfant, NRP*, 19, 1979.

Pouillon, J., »Manières de table, manières de lit, manières de langage«, *NRP*, 6, 1972.

Rabelais, François, *Gargantua und Pantagruel*, München, Winkler Verlag, 1968/1979.

Reik, Theodor, *Das Ritual, Psychoanalytische Studien*, Leipzig 1928.

Renard, Jules, *Muttersohn. Poil de Carotte*, Bremen, Manholt Verlag, 1987.

Ronsard, Pierre de, *Les Amours*, Paris, Gallimard, 1964.

Roth, Philip, *Portnoys Beschwerden*, Reinbek, Rowohlt, 1974.

Rouanet, Marie, *La Cuisine amoureuse courtoise et occitane*, Portet-sur-Garonne, Loubatières, 1990.

Rousseau, Jean-Jacques, *Diskurs über die Wissenschaften und Künste*, in: ders., *Schriften zur Kulturkritik*, Französisch-Deutsch, Hamburg, Felix Meiner Verlag, 1995.

Serres, Michel, *Die fünf Sinne. Eine Philosophie der Gemenge und Gemische*, Frankfurt a. M., Suhrkamp, 1993.

–, Vorwort zu *L'Oeuf transparent* von Jacques Testard, Paris, Flammarion, 1986.

Soriano, Marc, *Les Contes de Perrault. Culture savante et traditions populaires*, Paris, Gallimard, 1973.

Soulé, Michel, »L'aire potentielle du jeu oral entre la mère et son nourrisson«, *Psychanalyse à l'université*, Bd. I, 4.

–, u. a.: *Mère mortifère, mère meurtrière, mère mortifiée*, Paris, ESF, 1979.

Spitz, René, *Nein und Ja. Die Ursprünge der menschlichen Kommunikation*, Stuttgart, Ernst Klett Verlag, 1970.

–, *Vom Säugling zum Kleinkind, Naturgeschichte der Mutter-Kind-Beziehungen im ersten Lebensjahr*, Stuttgart, Klett-Cotta, 1980.

Starobinski, Jean, »Les rimes du vide«, *Figures du vide, NRP*, 11, 1975.

Sticker, Henri-Jacques, *Corps infirmes et sociétés*, Paris, Aubier-Montaigne, 1982.

Thomas von Aquin, *Summa Theologica, Die Maßhaltung*, Bd. 21, Salzburg-Leipzig, Verlag Anton Pustet, 1934.

–, *De Malo, Quaestiones Disputatae*, Vol. II, Rom, Marietti, o. J.

Topor, Roland, *La Cuisine cannibale*, Paris, Le Seuil, coll. »Points-Virgule«, 1986.

Tort, Michel, *Le Désir froid. Procréation artificielle et crise des repères symboliques*, Paris, La Découverte, 1992.

Tournier, Michel, *Zwillingssterne*, Hamburg, Hoffmann und Campe, 1977.

Vernant, Jean-Pierre und Vidal-Naquet, Pierre, *Mythe et tragédie en Grèce ancienne*, Paris, Maspero, 1972.

Winnicott, Donald W., »Paediatrics and Psychiatry«, in: *Collected Papers: Through Paediatrics to Psycho-Analysis*, London, Tavistock Publications, 1958.

–, *Vom Spiel zur Kreativität*, Stuttgart, Ernst Klett Verlag, 1973.

Wolfson, Louis, *Le Schizo et les langues*, Vorwort von Gilles Deleuze, Paris, Gallimard, 1975.

Zaoui, D., »Une interprétation psychanalytique des interdits, alimentaires bibliques«, *Topique*, 40, 1991.